Début d'une série de documents
en couleur

BIBLIOTHÈQUE
DE PHILOSOPHIE CONTEMPORAINE

LA GENÈSE

7742

DE

L'IDÉE DE TEMPS

PAR

M. GUYAU

AVEC UNE INTRODUCTION

PAR

ALFRED FOUILLÉE

PARIS
ANCIENNE LIBRAIRIE GERMER BAILLIÈRE ET Cⁱᵉ
FÉLIX ALCAN, ÉDITEUR
108, BOULEVARD SAINT-GERMAIN, 108

1890

A LA MÊME LIBRAIRIE

Paris. — Imp. E. CAPIOMONT et Cⁱᵉ, rue des Poitevins, 6.

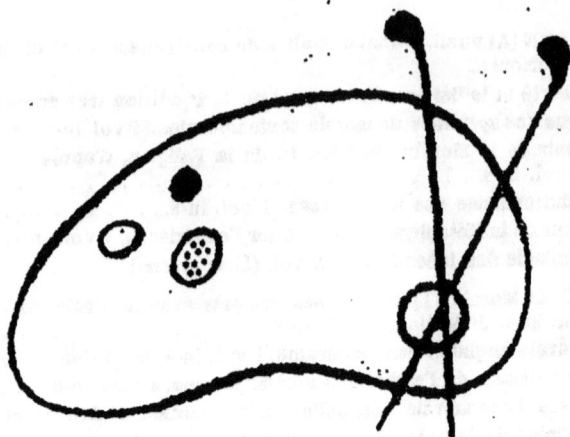

Fin d'une série de documents
en couleur

LA GENÈSE DE L'IDÉE DE TEMPS

INTRODUCTION

PAR

ALFRED FOUILLÉE

INTRODUCTION

LA THÉORIE EXPÉRIMENTALE DU TEMPS ET LA THÉORIE KANTIENNE

I. — L'étude de Guyau sur la genèse de l'idée de temps est une importante modification de la théorie évolutionniste. A l'opposé des opinions généralement admises dans l'école évolutionniste, Guyau ne fait point dépendre la perception de l'étendue de celle de la durée ; il admet, sinon la priorité de la perception de l'étendue, tout au moins la simultanéité primitive des deux représentations. C'est là un point sur lequel il était utile d'insister. Les kantiens, eux, ont l'habitude d'opposer la question préalable à la plupart des

a

recherches de genèse, quand elles concernent les notions qu'ils prétendent *a priori* en tant que lois nécessaires de la représentation même. Nous croyons avec Guyau, contrairement à l'opinion de Kant et même de Spencer, que le temps n'est pas une « forme nécessaire de toute représentation », ni *a priori*, ni *a posteriori*. En effet, on peut très bien concevoir qu'un animal eût des représentations sans aucune *représentation* du temps. Il pourrait avoir des affections de plaisir et de douleur uniquement *présentes*, il pourrait avoir des perceptions spatiales uniquement présentes; il pourrait se figurer tout sous forme d'étendue tangible ou visible sans mémoire proprement dite, en vivant dans un présent continuel sans passé et sans avenir. Que cet animal se heurte à un objet te se blesse, la vue de l'objet, en reparaissant, ressuscitera l'image de la douleur, et l'animal fuira sans avoir besoin de concevoir une douleur comme *future*, ni l'image actuelle de la douleur comme *en succession* par rapport à une douleur *passée*. Non seulement on pourrait supprimer chez l'animal toute représentation même confuse de succession, pour le réduire à des coexistences d'images spatiales (non jugées d'ailleurs coexistantes); mais encore on pourrait, par hypothèse, supprimer le *sentiment* même du temps, ramener l'animal à une vie toute statique, non dynamique, à un mécanisme d'images actuelles sans conscience du *passage* d'un état à l'autre. Plongez-le à chaque instant dans le fleuve du Léthé, ou supposez que, soit par un arrêt de développement cérébral, soit par une lésion, cérébrale, l'animal s'oublie. sans cesse lui-même à chaque instant ; les images continueront de surgir dans sa tête ; il y aura des liens cérébraux entre ces images et certains mouvements par le seul fait que, une première fois, images et mouvements auront coïncidé : l'animal aura donc, à chaque instant, un ensemble de représentations et accomplira un ensemble de mouvements déterminés par des connexions cérébrales, le tout sans la représentation de succession et sans le sentiment de succession. Cet état, quelque hypothétique qu'il soit, doit ressembler à celui des animaux inférieurs. C'est seulement après une évolution plus ou moins longue que l'animal, par un perfectionnement de l'organisme, projette dans le temps passé une partie de ses représentations. Au début, il a dû sentir, imaginer, jouir, souffrir, réagir et mouvoir en ne projetant les objets que dans l'espace, ou, plus simplement, avec des représentations à forme confusément spatiale, car la représentation distincte de l'espace est encore un perfectionnement très ultérieur. Comment donc les kantiens peuvent-ils soutenir qu'on ne peut « *se représenter* une représentation sans la représentation du temps»?

Même chez l'homme, il y a des cas maladifs où toute notion du temps semble disparue, où l'être agit par vision machinale des choses dans l'espace sans distinction de passé et de présent. Nous pouvons nous en faire une idée, même à l'état sain : il y a des cas d'absorption profonde dans une pensée ou dans un sentiment, d'extase même où le temps disparaît de la conscience. Nous ne sentons plus la succession de nos états; nous sommes en chaque instant tout entiers à cet instant même, réduits à l'état d'*esprits momentanés*, sans comparaison, sans souvenir, totalement *perdus* dans notre pensée ou dans notre sentiment. Si on nous fait tout à coup sortir de cette sorte de paralysie portant sur la représentation de la durée, nous sommes incapables de dire s'il s'est écoulé une minute ou une heure : nous sortons comme d'un rêve où, sur notre monde intérieur détruit, le temps aurait dormi immobile. La *représentation* du temps est donc du luxe ; quant à la *conscience immédiate* du passage d'un état à un autre état, elle pourrait être réduite à tel point que l'existence interne recommençât à chaque moment, et cela, sans qu'un spectateur du dehors s'en aperçût. Ce serait une série d'éclairs intérieurs dont chacun existerait pour lui seul : la conscience de la continuité aurait disparu. Ce n'est là sans doute qu'une supposition, une sorte d'état-limite : en fait, à l'état *normal*, l'être animé se sent passer d'une sensation à l'autre et la représentation de la succession suit de très bonne heure les successions de représentations ; mais elle les suit comme leur effet constant ; elle ne les précède pas comme leur cause, elle ne les conditionne même pas. La vraie condition est ailleurs. Elle est dans la réelle existence de la succession et du mouvement hors de nous, et aussi dans notre cerveau. Le cadre *a priori* du temps est notre crâne.

II. — Pour déblayer en quelque sorte le terrain où doivent se porter les recherches de Guyau, analysons la démonstration kantienne, et nous verrons qu'elle suppose tout sans rien démontrer. « Le temps, dit Kant, n'est pas un concept empirique ou qui dérive de quelque expérience. En effet, la simultanéité et la succession ne tomberaient pas elles-mêmes sous notre perception si la représentation du temps ne leur servait *a priori* de fondement. » Selon nous, comme selon Guyau, c'est juste l'opposé de l'ordre réel. L'animal a d'abord, en fait, une représentation, puis une succession de représentations, puis une représentation des représentations qu'il a eues, et cela, dans un certain ordre imposé; il a par conséquent une représentation de la succession des représentations; enfin cette succession prend la forme du temps en vertu de lois comme celles qui font que l'impression d'une aiguille enfoncée dans les chairs prend la forme de la douleur, sans qu'on ait cette forme *a priori* dans la conscience ni aucune notion *a priori* de la douleur. Que la représentation du temps ne précède pas les autres représentations chez l'animal, c'est incontestable; quant à dire que les *conditions* de la représentation *ultérieure* du temps la précèdent, c'est enfoncer une porte ouverte. Il est clair que les conditions de tout phénomène précèdent ce phénomène ; que, si nous n'avions pas un cerveau capable de sentir, nous ne sentirions pas ; que, si nos sensations n'étaient pas successives, nous ne les sentirions pas successivement ; que, s'il ne restait rien de la première sensation lors de la seconde, nous n'aurions pas de mémoire ; que, si nous n'avions pas de mémoire, nous ne concevrions pas la succession des représentations ; mais les propriétés de nos représentations ne sont ni des propriétés *a priori*, ni des lois *a priori*, ni des intuitions *a priori*, ni des formes *a priori*, pas plus que la forme de la vague n'est *a priori* par rapport à la vague. Ne prenons pas le mode ou le résultat constant de notre expérience pour une condition antérieure et supérieure à l'expérience.

Kant continue : — « Le temps est une *représentation nécessaire* qui sert de fondement *à toutes les intuitions*. » Nous nions encore, avec Guyau, cette proposition. Une sensation, nous l'avons vu, peut être éprouvée sans représentation du temps. L'animal qui sent les dents d'un autre s'enfoncer dans sa chair n'a aucun besoin de se représenter le temps pour sentir. Le temps n'est une « représentation nécessaire » que pour les représentations complexes

de *succession*, ce qui revient à dire qu'il est
nécessaire de se représenter le temps pour se le
représenter. Ayant toujours eu des successions
de représentations, nous ne pouvons pas concevoir une autre manière de nous représenter
les phénomènes, car cette manière ne nous est
donnée dans aucune expérience. La propriété
constante de notre expérience ne peut pas
ne pas nous apparaître comme une nécessité
de l'expérience même, constamment confirmée
par son harmonie avec la réelle existence
hors de nous de mouvements dans le temps.

« Par cette nécessité seule, continue Kant,
on fonde *a priori* la possibilité de principes
apodictiques concernant les rapports du temps,
ou d'axiomes du temps en général, comme celui-ci : — Le temps n'a qu'une dimension. » —
Cet axiome, selon nous, n'est que l'expression
analytique de notre représentation constante,
la traduction d'un fait de conscience sans
exception. La douleur nous excite à la fuir, —
voilà un fait ou une loi ; — nous nous représentons le temps avec une seule dimension,
l'espace avec trois, la couleur, les sons, les
odeurs avec une intensité quelconque, etc. ;
voilà d'autres faits ou lois d'expérience, qui se
trouvent être les lois de l'expérience elle-

même telle qu'elle est toujours, conséquemment les plus générales des lois. Mais la question de leur origine reste ouverte, comme aussi celle de leur *nécessité a priori* et de leur *pourquoi*.

Kant répond : « Il faudrait alors se borner à dire : — Voilà ce qu'enseigne l'observation générale, et non voilà ce qui *doit être.* » — Mais en effet, nous ne pouvons rien dire de plus que ceci : — L'observation générale de l'observation même, l'expérience générale de l'expérience nous apprend que nous avons toujours des séries de représentations qui aboutissent à des représentations de séries unilinéaires et se groupent à la fin dans une représentation de série unique, le temps ; si bien que nous ne pouvons nous figurer autrement les faits d'expérience, n'ayant pour cela aucun moyen. Pourquoi est-ce ainsi ? Nous n'en savons rien. Constater le plus général des faits, ce n'est point l'ériger en « intuition *a priori.* »

— « Le temps, dit Kant, n'est pas un concept discursif ou, comme on dit, général, mais une forme pure de l'intuition sensible. Les temps différents, en effet, ne sont que des parties d'un même temps. Or, une représentation qui ne peut être donnée que par un

a.

seul objet est une intuition. » Kant veut dire
que nous ne généralisons pas des successions
diverses et détachées que nous aurions eues ;
mais cela tient à ce que nous comblons les vides de notre expérience par un effet d'optique
analogue à celui qui nous fait combler les vides
de l'espace. Faut-il en conclure que l'idée de
temps, au lieu d'être la *propriété la plus constante* de notre expérience, soit une *intuition*
d'objet? Ce que dit Kant, — qu'il n'y a pas plusieurs temps, mais un seul, — ne s'applique
d'ailleurs qu'à la notion savante et philosophique du temps. De même qu'il y a très probablement à l'origine, malgré cette même théorie
kantienne, plusieurs espaces pour l'animal, —
un espace tactile, un espace visuel, un espace
olfactif, — et que la combinaison, la fusion de
ces espaces en une représentation unique d'espace unique, uniforme, homogène, indéfini, est
un perfectionnement très ultérieur, de même
il y a probablement pour l'animal plusieurs
temps, plusieurs fragments de durée, qu'il ne
songe nullement à relier en les alignant sur une
seule ligne mathématique. En d'autres termes,
il se représente diverses successions dont chacune, objectivement, est un morceau subsistant
à part, un bout de chaîne brisée ; il a des suc-

cessions d'images auditives et il a des successions d'images visuelles ; il a des successions
d'appétits, faim, soif, etc. Toutes ces séries
restent d'abord flottantes et discontinues dans
son imagination, sa vie étant un rêve. Il
n'accomplit pas l'opération scientifique qui
consiste à comparer ces séries, à reconnaître
qu'elles forment une série unique et que
de même, objectivement, le cours du temps
est continu, uniforme, identique pour tous les
êtres. Cette notion du temps est un produit
raffiné de la réflexion humaine, comme les
notions de l'infini, de l'immensité, de la causalité universelle, etc. Prétendre que, pour
avoir des représentations quelconques, il faut
avoir cette *intuition pure* du temps, même à
l'état obscur, c'est transporter notre science
actuelle dans l'ignorance primitive. D'ailleurs,
même aujourd'hui, nous n'avons aucune *intuition* pure du temps ; toutes les intuitions que
nous en avons sont des intuitions concrètes et
spatiales, disons le mot, sensitives. Nous
sommes obligés de nous représenter le temps
indirectement, par un détour. La conscience
de la transition dans le temps n'est pas une
«intuition » du temps, encore moins une intuition supérieure à l'expérience ; c'est, au con-

traire, l'expérience même parvenue à ce degré d'évolution où elle est capable de se réfléchir sur soi. Ce degré n'existe guère véritablement que chez l'homme, et encore chez le savant. Chez l'animal ou l'enfant, et dans la plupart des circonstances, les tableaux de l'espace suffisent.

Si donc il est vrai de dire que la succession des représentations n'est pas la représentation de la succession, il est également faux de croire que cette représentation tardive de la succession soit la descente d'une intuition pure dans la conscience, comme celle du Saint-Esprit chez les apôtres ; elle est un perfectionnement de l'intelligence, qui, de représentations d'abord isolées, s'élève par degrés à la représentation d'une série intensive, extensive et protensive. Après avoir eu des représentations dont chacune laisse une trace, l'être conscient finit par avoir la représentation de leur ordre même et de leur mode d'apparition; il regarde en arrière dans le temps comme il regarde en arrière dans l'espace. C'est là une complication due à la réflexion de l'expérience sur l'expérience par le moyen d'organes répétiteurs et condensateurs.

« Une représentation, vient de dire Kant, qui ne peut être donnée que par un *seul objet* est une intuition. » — Mais où est donc ce *seul objet* dont nous aurions l'*intuition* et qui serait le temps? J'ai beau chercher dans ma conscience, je n'y puis voir le temps en lui-même, tout seul et comme un « objet». Je me représente des successions de sensations, de passions, de plaisirs, de peines, de volitions, de motions, etc.; mais une succession toute seule, sans rien qui se succède, voilà ce que je ne parviens pas à me figurer, pas plus qu'un animal en soi, qui ne serait ni homme, ni cheval, etc. Il est bien vrai qu'il reste dans mon imagination un cadre en apparence vide, une sorte de longue allée déserte, le long de laquelle je conçois que tout va se ranger; mais c'est là encore le dernier résidu de l'intuition sensible : regardez-y de près, vous y découvrirez une conscience vague de sensations, d'appétitions, de vie et surtout de mouvement. Pour concevoir le temps *mathématique*, vous tracez une ligne par l'imagination; vous passez du temps dans l'espace. Il n'y a là aucune intuition *pure*. Le temps, d'ailleurs, est-il donc vraiment un *objet*, une réalité qu'on puisse *intueri*, contem-

pler, une existence *pure* et *supra-sensible*
qu'on verrait d'une *vision pure* et *supra-
sensible ?*

Une *intuition pure* est chose impossible
dans le système même de Kant. En effet,
c'est un principe pour Kant qu' « une intuition
ne peut avoir lieu qu'autant qu'un objet nous
est donné, » et cela n'est possible, ajoute–t-il,
qu'autant que l'objet «*affecte* l'esprit d'une
certaine manière.» Or, « la capacité de recevoir des objets par la manière dont ils nous
affectent s'appelle *Sensibilité.* » C'est donc « au
moyen de la sensibilité que des objets nous
sont donnés, et *elle seule* nous fournit des *intuitions*[1].» — Comment alors pourrions-nous
avoir une intuition d'un objet appelé *temps*,
qui n'est pas un objet réel, qui ne peut pas,
en tant que tel, *affecter* notre *sensibilité*, ni
nous donner à lui seul une sensation? Kant se
réfute ainsi lui-même.

Toutes les objections faites par les Kantiens
à l'*expérience* de la durée se retournent, avec
beaucoup plus de force, contre la prétendue
intuition pure du temps. Le temps étant un
passé–présent–futur, comment peut-il, dans

1. *Critique de la Raison pure*, 1. 1.

le passé et le futur, être un objet d'intuition ?
Comment l'esprit aurait-il la vision, même
pure, du passé et de l'avenir ? Qu'on se figure
en Dieu une intuition de l'éternel, c'est là
une représentation tout hypothétique et, à
vrai dire, dont nous n'avons aucune représentation ; mais enfin, étant admis un Être
éternel, on peut lui supposer l'intuition de
l'éternité. Au contraire, que signifie l'intuition pure du temps, c'est-à-dire d'une succession qui ne peut tomber sous l'intuition que
dans sa portion *présente?* Nous n'avons d'autre
intuition du temps que notre expérience actuelle de l'état présent avec tendance actuelle
à passer à un autre état. Le temps est un objet
partiellement de *conscience* et partiellement
de *conception :* il n'est ni ne peut être, à
aucun titre ni d'aucune manière, objet d'intuition, encore moins *a priori* qu'*a posteriori;*
et le mot d'intuition pure est ici absolument
vide de sens. « J'appelle pure, dit Kant,
(oubliant ce qu'il vient de dire) une représentation où l'on ne trouve *rien* qui se rapporte
à la *sensation.* » Mais comment vous représenter la succession des phénomènes, c'est-
à-dire la succession des sensations réelles ou
virtuelles, sans rien qui se rapporte à la sen-

sation? Si, par impossible, vous videz complètement votre conscience de tout contenu
sensitif ou appétitif, vous restera-t-il le temps?
— Il ne vous restera absolument *rien*. C'est
par ce procédé d'exhaustion, précisément, que
nous arrivons ou croyons arriver à la conception bâtarde du *néant*. L'intuition d'une *forme*
des sensations prétendue *pure* n'est elle-
même qu'une image des sensations à l'état
vague et confus. Kant prend le dernier fan-
tôme de l'expérience pour l'intuition d'un
objet transcendantal. Nous ne comprenons
pas comment, après avoir lui-même si bien
démontré qu'on ne peut avoir l'intuition pure
de Dieu, de la cause suprême, de la substance
suprême, etc., et que « la sensibilité seule
fournit des intuitions, » il nous accorde une
intuition pure du temps qui ne serait autre
que la vision de Saturne en personne.

Kant reconnaît lui-même ce que nous di-
sions tout à l'heure, à savoir que « nous représentons la suite du temps par une ligne qui
s'étend à l'infini et dont les diverses parties
constituent une série qui n'a qu'une dimension ; et nous *concluons* des propriétés de cette
ligne à celles du temps, avec cette seule exception que les parties de la première sont simul-

tanées, tandis que celles du second sont toujours successives.» Mais la conséquence tirée de
là, par Kant est inattendue : — « On voit par là,
dit-il, que la représentation du temps est une
intuition, puisque toutes ses relations peuvent
être exprimées par une intuition *extérieure*. »
La conclusion naturelle serait que le temps est
une représentation expérimentale, non une
intuition *pure,* puisque toutes ses relations
ne peuvent être exprimées « que par une
intuition extérieure, » par des images parlant
aux sens ou à l'imagination et empruntées à
l'espace.

En réalité, pour Kant, le temps est la forme
de ce qu'il appelle « le sens interne, » c'est-
à-dire de « l'intuition de notre état intérieur. »
Il eût dû en conclure que le temps nous est
donné, non indépendamment de l'expérience,
mais *avec* l'expérience et *par* l'expérience de
nous-mêmes, c'est-à-dire de l'ensemble de nos
représentations variables accompagnées d'un
ensemble de représentations fixes qui constituent notre moi. Le temps est un abstrait de
l'expérience interne.

« Que si je pouvais, conclut Kant, avoir
l'intuition de moi-même ou d'un autre être indépendamment de cette condition de la sensi-

bilité, les mêmes déterminations que nous nous représentons actuellement comme changement nous donneraient une connaissance où ne se trouverait plus la représentation du temps, et par conséquent aussi du changement. » — Qu'est-ce que Kant en peut savoir ? En admettant même que le temps soit une condition *sine quâ non* de notre *conscience*, comment peut-il en conclure que le temps « n'appartient pas aussi aux *choses* à titre de condition ou de propriété ?» Pourquoi serions-nous condamnés à voir des changements dans le temps sans qu'il y en eût ? De ce que le temps est un mode de notre expérience, il en résulte qu'il est l'expérience même dans un de ses exercices constants, et il en résulte aussi, notre expérience se trouvant confirmée par la série de ses relations avec les choses, que le temps est une propriété commune de notre conscience et des choses. Le rêve d'*éternité* intemporelle, fait par Kant, est une simple idée dont rien ne peut garantir la valeur.

Toute cette démonstration kantienne en deux pages est donc une série d'observations incomplètes et de conclusions précipitées. C'est de la psychologie faite non sur le vif, mais sur des concepts abstraits, tels qu'ils existent chez l'homme adulte et civilisé. La terminologie scolastique des *intuitions pures*, des *représentations a priori*, des *formes pures* remplace par des symboles les observations et raisonnements.

On pourrait appliquer à l'*intensité* une série d'arguments analogues à ceux de Kant, soutenir que nous ne pouvons nous représenter une sensation ou état quelconque de conscience sans une certaine intensité, que, par conséquent l'intensité est une forme pure de la sensibilité, un objet d'intuition pure et *a priori*, auquel nous mesurons toutes choses. On pourrait prétendre que toutes les intensités peuvent être conçues comme des degrés d'une même intensité, variant seulement de *qualités*, de *lieux* et de *temps;* qu'il n'y a pas cent conceptions possibles de l'intensité, mais une série croissante ou décroissante d'intensités applicables à des objets divers, comme la succession et comme la position. On en conclurait que c'est par une intuition *a priori* qu'on juge l'intensité d'un coup de poing.

Il y a de plus une grande obscurité et une grande incohérence dans la théorie kantienne. Le temps est d'abord une intuition pure, et ensuite il se trouve que c'est la plus constante des intuitions sensibles, toujours représentée à l'imagination en termes « d'intuition *exté-rieure* », et enfin, c'est une intuition du sens *interne*. Le temps est d'abord une intuition d'*objet*, puis il se trouve que cet objet n'existe pas, que c'est simplement notre manière constante de sentir dont nous avons la conscience. Bien plus, si nous apercevions les choses en elles-mêmes, Kant nous apprend (comme s'il y était allé voir) que le temps s'évanouirait ; ce prétendu objet pur d'une intuition pure finit donc par être une ombre, une illusion de la caverne. Et cependant, le monde des choses *réelles* a la complaisance de venir se ranger dans ce cadre de notre sensibilité ; les éclipses prédites par les astronomes arrivent à point nommé, comme si le temps était un rapport objectif des choses. Comment donc a lieu cette harmonie entre notre sensibilité et les choses réelles ? Dire que nous imposons nos *formes* à l'Univers n'avance à rien, car rien n'oblige la *matière* de l'Univers à se mouler si docilement sur nos formes, ni le soleil à s'éclipser pour faire honneur aux formes de notre sensibilité, ni notre corps à mourir et à se décomposer selon les prévisions de la science, uniquement pour se conformer à notre intuition du temps.

III. — Les disciples contemporains de Kant, renonçant à l'intuition pure, se contentent, avec plus de modestie, de poser le temps comme simple «*loi* de la représentation». Ils n'en appellent pas moins l'espace et le temps, «les forteresses imprenables de l'apriorisme», et ils prétendent que les partisans de la genèse expérimentale veulent « tout ramener à l'expérience *sans aucunes lois* pour la régir, et dès lors sans possibilité pour la constituer elle-même et pour la comprendre [1]. » — Mais où voit-on que les partisans de l'expérience, par exemple Guyau, considèrent l'expérience comme n'étant soumise à aucune loi? Et en quoi l'existence d'une loi expérimentale prouve-t-elle l'existence d'une forme *a priori?* C'est une loi que, si je regarde une croix rouge, j'éprouverai la sensation du rouge, et que, si je reporte les yeux sur du blanc, une teinte verte remplacera le rouge; en faut-il conclure que les formes du blanc, du rouge, du vert et de leurs combinaisons soient *a priori,* sous prétexte qu'elles tiennent à la constitution cérébrale ? Les lois qui nous font éprouver telle sensation

1. Renouvier, *Logique,* I. 344.

d'odeur quand se dégage le chlore sont-elles
a priori? Cette façon de poser le problème
est trop commode. Dans ses essais pour
expliquer la genèse de l'idée du temps,
Guyau suppose l'expérience avec les lois
physiologiques et psychologiques qui la
rendent possible, et qui elles-mêmes rentrent dans les lois générales de l'univers. La
question est de savoir s'il faut, au lieu du
jeu des lois de la sensation, de l'émotion et de
l'appétit, invoquer une loi transcendentale ou,
pour mieux dire, une faculté transcendantale.
Hypothèse paresseuse, *ignava ratio*, qui, loin
d'expliquer l'expérience par des lois, érige en
loi l'absence même de loi naturelle sous le
nom d'intuition pure ou de forme *a priori*.

En résumé, *la représentation de la succession
de plusieurs représentations* n'est, selon nous,
qu'un état de conscience plus complexe, d'ordre à la fois sensitif, appétitif et moteur. Pour se
représenter une succession de représentations,
il faut avoir simultanément : 1° telle sensation
actuelle, 2° l'image d'une sensation antérieure, 3° l'image synthétique et confuse de la
transition, c'est-à-dire de la pluralité d'images intermédiaires liant l'image à la sensation.

Si on objecte que tout cela est un complexus *présent* d'images, non une succession dans le temps, nous répondrons qu'en fait nous ne concevons le *passé* que *présentement*, par une figuration présente. En outre, l'objection vient, comme nous l'avons montré ailleurs[1], de ce qu'on suppose idéalement : 1° un présent indivisible, 2° une immobilité de la conscience en ce point présent. Or, 1° le présent de notre conscience a une durée, 2° l'immobilité est une conception statique fausse, qui ne répond pas à la réalité dynamique. Un être qui change en passant du plaisir à la douleur peut se sentir en train de *changer*, alors même qu'il ne conçoit pas encore le *temps*, ni le rapport des deux termes du changement. Le changer est saisi au moment même où il s'accomplit, dans la transition, sous forme dynamique. Notre mot abstrait *changer* exprime aujourd'hui une *comparaison*, et nous porte à croire que l'être a besoin d'une comparaison d'images pour s'apercevoir du changement même. Il en a besoin pour *juger* qu'il a changé, oui, mais pour avoir le sentiment particulier qui est corrélatif du changement, non.

1. Voir nos études sur la *Mémoire* dans la *Revue des Deux-Mondes*.

Aucune comparaison d'idées à l'état statique
n'arriverait à donner le sentiment du changement si l'être vivant ne l'avait pas dynamique-
ment. L'animal, du moins à l'état normal et
conscient, n'a point une idée morte et immobile de plaisir, puis une idée morte et immobile
de douleur : au moment même où son plaisir se
change en douleur, il y a autre chose en lui que
des images statiques, objet d'une comparaison
contemplative et rétrospective : il y a l'indéfinissable conscience de perdre le plaisir et
d'acquérir la douleur, il y a l'expérience interne
du changement en acte. C'est là, selon nous,
l'élément essentiel et primitif de toutes les idées
ultérieures de temps, d'espace, de mouvement,
etc. Mais cette expérience radicale du changement en train de s'effectuer, n'implique nullement une référence de la pensée à quelque intuition pure du temps. Ce n'est pas dans une
intuition *a priori* qu'on se voit changer, passer
du plaisir à la douleur, c'est dans l'intuition
expérimentale par excellence, qui est la conscience immédiate. En d'autres termes, dans le
présent même, ou dans ce qui paraît tel à notre
conscience, nous ne nous sentons pas inerte :
l'appétit est une tendance qui se manifeste par
un double sentiment de *tension* constante et de

transition constante ; nous nous sentons mouvants et non immobiles, avant de savoir ce que c'est que changement ou immobilité. A cette tension du *vouloir* et du *mouvoir*, à cette conscience d'énergie passant du potentiel à l'actuel, joignez le jeu de représentations si bien décrit par Guyau il fera apparaître les deux termes extrêmes d'une série mentale à une dimension, avec les termes intermédiaires en ordre déterminé, vous aurez alors tout ce que suppose la représentation d'une succession ou, pour mieux dire, d'une transition de représentations et d'appétitions. Vous aurez devant les yeux de l'imagination psychologique 1° une sorte d'avenue ouverte, avec les intermédiaires, comme les arbres qui bordent une allée : c'est la représentation statique et par cela même incomplète ; 2° l'image de la tension et transition constantes qui ont accompagné chaque terme de la série : c'est la représentation dynamique, appétitive et motrice. Voilà l'idée du temps : vous aurez beau chercher dans votre conscience, vous n'y trouverez que ces deux groupes de représentations, les unes variables et diverses, les autres constantes et uniformes, dont le contraste interne au sein de l'appétit qui constitue la vie, apparaît comme *durée*.

On verra de quelle manière ingénieuse et profonde Guyau s'est efforcé de reconstruire la représentation du temps. Ce qui reste d'irré-ductible dans son analyse du sentiment de la durée n'est nullement la preuve d'une intui-tion transcendante : *irréductibilité* n'est point, comme on le prétend, *apriorité*[1]. Ceux qui le croient commettent l'*ignoratio elenchi*. Nos sensations, comme telles, sont irréductibles ; le plaisir et la douleur sont irréductibles ; dans tous les états de conscience il y a un caractère d'intensité qui est irréductible ; faut-il en conclure que tout cela soit *a priori ?* C'est au contraire la preuve qu'il y a là des choses de pure expérience, des choses qu'il faut avoir *éprouver* pour les con-naître. De même pour le temps : l'être qui n'aurait ni sensations successives, ni appé-titions successives, ni reflexion sur ces sensa-tions et sur leur mode d'arrangement sériel, cet être-là n'aurait aucune expérience de la durée et il n'est point d'intuition pure qui pût y suppléer. L'*irréductibilité* est précisé-ment le caractère de tout ce qui est objet d'*expérience immédiate et radicale.*

1. Voir, outre M. Renouvier, la *Psychologie* de M. Rabier.

Le plus étrange, c'est que ceux mêmes qui objectent que l'expérience interne fournit seulement des représentations statiques et immobiles, en divers instants dont chacun est toujours présent, sont aussi ceux qui, pour expliquer la conscience du temps, invoquent la chose statique et immuable par excellence : le cadre *a priori* du temps, ou même, comme M. Ravaisson, l'idée de l'éternité. Mais c'est alors que nous serions à jamais fixés, figés, glacés dans un présent sans passé et sans avenir. Nous aurions, du côté empirique, une ou plusieurs représentations toujours présentes et en repos, du côté rationnel, une idée pure, immobile, éternelle, un *punctum stans*. Comment fabriquer avec tous ces éléments *stables* la succession et la représentation de la succession ? Il faudra toujours en venir, — avec les partisans de l'expérience tels que Guyau, — à chercher dans notre expérience même un moyen de saisir sur le fait et de concevoir la succession ; et ce moyen est tout autre que la contemplation immobile de l'immobile éternité.

ALFRED FOUILLÉE.

PRÉFACE DE L'AUTEUR

Une des conséquences les mieux établies par la psychologie moderne, c'est que tout est présent en nous, y compris le passé même. Quand je me souviens d'avoir, dans mon enfance, joué au cerceau, l'image que j'évoque est présente, tout aussi présente que celle de ce papier sur lequel j'exprime en ce moment des idées abstraites. Penser à jouer au cerceau, c'est même préluder déjà intérieurement aux actions que suppose ce jeu. De même, penser à une personne absente, c'est l'appeler tout bas par son nom et

1

commencer presque avec elle un dialogue.
Une chose n'est réellement passée que quand
nous en perdons toute conscience ; pour
revenir à la conscience, elle doit redevenir
présente. Mais si, en somme, tout est présent
dans la conscience, si l'image du passé est
une sorte d'illusion, si le futur, à son tour,
est une simple projection de notre activité
présente, comment arrivons-nous à former
et à organiser l'idée du temps, avec la
distinction de ses parties, et quelle est
l'évolution de cette idée dans la conscience
humaine ? — L'idée du temps, selon nous,
se ramène à un effet de perspective. Nous
montrerons, en premier lieu, que cette
perspective n'a pas toujours existé et n'est
pas nécessaire *a priori* pour l'exercice de la
pensée dans sa période de confusion et
d'indistinction originaire. Puis, nous essaye-
rons d'expliquer comment s'est formée cette
perspective et de suivre le travail de la
nature à ses divers degrés : ainsi on suit sur

un tableau le travail du peintre ; on voit
comment, sur une toile plane, il a pu rendre
sensible la profonde obscurité d'un bois, ou,
au contraire, faire pénétrer et s'épanouir
joyeusement dans une pièce un rayon de
lumière. La perspective en peinture est une
affaire d'art ou d'artifice ; la mémoire aussi
est un art : nous montrerons, dans la
conception du temps, le plan naturel et iné-
vitable que cet art suit toujours. Pour cela,
nous essaierons de faire successivement la
part : 1° de l'imagination passive et purement
reproductrice, qui fournit le cadre immobile
du temps, sa *forme*; 2° de l'activité motrice
et de la volonté, qui, selon nous, fournit
le *fond* vivant et mouvant de la notion du
temps. Les deux éléments réunis constituent
l'*expérience* du temps.

CHAPITRE PREMIER

PÉRIODE DE CONFUSION PRIMITIVE

Que l'idée de temps, telle qu'elle existe aujourd'hui dans l'esprit adulte, soit le résultat d'une longue évolution, c'est ce qu'il est difficile de nier. A l'origine, le sens exact du passé est bien loin d'exister chez l'animal et chez l'enfant comme il existe chez l'homme. Il comprend une période de formation. Nos langues indo-européennes ont la distinction du passé, du présent et du futur nettement fixée dans les verbes; l'idée de temps se trouve ainsi imposée à nous par !a langue même, nous ne pouvons pas parler sans évoquer et classer dans le temps une foule d'images. Des distinctions même assez subtiles entre

tels ou tels aspects sous lesquels se présente
à nous la durée, comme le futur et le futur
passé, le parfait, l'imparfait et le plus-que-
parfait, pénètrent peu à peu dans l'esprit des
enfants; encore n'est-ce pas sans difficulté
qu'on les leur fait comprendre. Enfin on leur
donne mille manières de distinguer les divers
moments du temps : cours du soleil, horloges
sonnantes, minutes, heures, jours. Toutes
ces images sensibles entrent peu à peu dans
la tête de l'enfant et l'aident à organiser la
masse confuse de ses souvenirs. Mais l'animal, l'enfant qui ne sait pas parler éprou-
vent sans doute des difficultés bien grandes
pour se représenter le temps. Pour eux il est
probable que tout est presque sur le même
plan. Toutes les langues primitives expriment
par des verbes l'idée d'*action*, mais toutes ne
distinguent pas bien les divers temps. Le
verbe, en sa forme primitive, peut servir
également à désigner le passé, le présent ou
le futur. La philologie indique donc une évolution de l'idée de temps.

Il en est de même de la psychologie comparée. L'animal, l'enfant même ont-ils vraiment un passé, c'est-à-dire un ensemble
de souvenirs mis en ordre, organisés de
façon à produire la perspective des jours

écoulés? Il ne le semble pas. On dit souvent qu'un enfant, qu'un homme a de la mémoire lorsqu'un ensemble d'images est très vivant chez lui. Sous ce rapport, un animal peut avoir une mémoire aussi bonne et parfois même meilleure que l'homme. C'est une affaire de mécanique : tout dépend de la force de l'impression reçue, comparée avec la force des autres impressions qui l'ont suivie. Mais, au point de vue psychologique, le trait distinctif de la mémoire humaine, c'est le sentiment exact de la *durée*, c'est l'*ordre* des souvenirs, c'est la *précision* donnée par cela même à chacun d'eux; toutes choses que nous devons en grande partie au soleil, aux astres, à l'aiguille qui tourne sur le cadran de nos horloges, au retour rythmé des mêmes fonctions physiologiques dans l'horloge de notre organisme. L'animal et l'enfant, faute de moyens de mesure, vivent « au jour le jour ». Un éléphant se jette sur un homme qui l'a frappé il y a plusieurs années; s'ensuit-il que l'éléphant ait pour cela l'idée claire de la durée et une mémoire organisée comme la nôtre? Non, il y a surtout association mécanique d'images actuelles. A l'image de cet homme s'est jointe l'image encore vivace et présente de coups reçus, et les deux images

se meuvent ensemble comme deux roues d'un
engrenage; on peut dire que l'animal se représente presque l'homme comme le frappant
actuellement : sa colère n'en est que plus
forte. Il n'y a pas prescription pour l'animal,
parce qu'il n'y a pas chez lui un sens net de
la durée.

De même, toutes les sensations que l'enfant
a eues continuent de retentir en lui, coexistent
avec les sensations présentes, luttent contre
elles; c'est un tumulte inexprimable, où le
temps n'est pas encore introduit. Le temps
ne sera constitué que quand les objets se seront disposés sur une ligne, de telle sorte qu'il
n'aura qu'une dimension, la longueur. Mais
primitivement il n'en est pas ainsi : cette
longue ligne qui part de notre passé pour se
perdre dans le lointain de l'avenir n'est pas
encore tirée. L'enfant n'ayant pas développé l'art du souvenir, tout lui est présent.
Il ne distingue nettement ni les temps, ni
les lieux, ni les personnes. L'imagination des
enfants a pour point de départ la *confusion*
des images produite par leur *attraction* réci-
proque; ils mêlent ce qui a été, ce qui est
ou sera; ils ne vivent pas comme nous dans
le *réel*, dans le *déterminé*, ne circonscrivent
aucune sensation, aucune image; en d'autres

termes, ne distinguant et ne *percevant* rien
très nettement, ils *rêvent* à propos de tout.
L'enfant retient et reproduit des images
beaucoup plus qu'il n'invente et ne pense ; et
c'est précisément à cause de cela qu'il n'a pas
l'idée nette du temps : l'imagination reproductive, étant seule, ne se distingue pas, ne s'oppose pas à l'imagination constructive, qui n'est
pourtant elle-même que son développement
supérieur. L'enfant ou l'animal n'ont donc
pas un passé nettement opposé au présent,
opposé à l'avenir qu'on imagine, qu'on construit à sa guise. L'enfant confond sans cesse
ce qu'il a fait réellement, ce qu'il aurait voulu
faire, ce qu'il a vu faire devant lui, ce qu'il a
dit avoir fait, ce qu'on lui a dit qu'il avait
fait[1]. Le passé n'est pour lui que l'image dominante dans le fouillis de toutes les images
enchevêtrées ; il n'a en lui qu'une masse
indistincte, sans groupement, sans classification : ainsi apparaissent les objets pendant le crépuscule ou la première aube,
avant que les rayons du soleil n'y aient apporté
à la fois l'ordre et la lumière, distribué tout
sur divers plans. Nous verrons plus loin les
degrés successifs de ce travail distributeur.

---

1. Voir sur ce sujet *Éducation et hérédité.*

Les observateurs reconnaissent que ce qui se développe avant tout chez les animaux, c'est la perception de l'espace. Le degré de cette perception est en rapport avec les mouvements que l'animal doit exécuter pour satisfaire ses appétits, et il est probable que ce sont ces mouvements mêmes, accomplis en tous les sens, qui fournissent la représentation de l'espace. Au contraire, les observateurs confirment le fait que les animaux, même les plus voisins de l'homme, ont une perception très confuse des relations de temps et de tout ce qui s'y rapporte. Les animaux n'ont en effet besoin que des sens et de l'imagination spontanée pour se diriger dans l'espace, aller et venir, boire, manger, etc. La mémoire des animaux est toute spatiale : ce sont des images visuelles, tactiles, olfactives, etc., qui se réveillent et s'associent automatiquement; il y a bien classification des objets dans l'espace, mais rien n'indique une vraie classification dans le temps, puisque l'animal agit avec le passé comme présent. L'instinct même, qui semble tourné vers l'avenir, est un ensemble d'appétitions devenues automatiques, où le temps agit sous forme d'espace sans que l'animal dégage bien le futur du présent. En un mot l'animal est tout aux images. L'adaptation à un avenir conçu comme tel, et en vertu de cette conception même, est un caractère de l'homme.

Si, même chez l'homme et surtout chez l'enfant, l'idée du temps demeure très obscure comparativement à celle de l'espace, c'est là une conséquence naturelle de l'ordre d'évolution qui a développé le sens de l'espace avant celui du temps. Nous imaginons facilement l'espace ; nous en avons une vraie vision intérieure, une intuition. Essayez de vous représenter le temps, comme tel; vous n'y parviendrez qu'en vous représentant des espaces. Vous serez obligé d'*aligner* les phénomènes successifs; de mettre l'un sur un point de la ligne, l'autre sur un second point. En un mot, vous évoquerez une file d'images spatiales pour vous représenter le temps.

Il est donc contraire aux vraies lois de l'évolution de vouloir, comme Spencer, construire l'espace avec le temps, quand c'est au contraire avec l'espace que nous arrivons à nous représenter le temps. La représentation des événements dans leur ordre *temporel*, nous venons de le voir, est une acquisition plus tardive que la représentation des objets dans leur ordre *spatial*. La raison en est : 1° que l'ordre spatial est lié aux *perceptions* mêmes, aux *présentations*, tandis que l'ordre temporel est lié à l'imagination reproductive, à la *représentation*. 2° Non seulement le temps est lié à des *représentations*, — phénomènes ultérieurs, — mais encore il ne peut être perçu que si les représentations sont reconnues comme représentations, non comme sensations immédiates. Il faut donc l'*aperception* de la *représentation* d'une *présentation*. Au contraire, l'étendue et ses parties plus ou moins distinctes, mais certainement étalées devant les yeux, se laisse percevoir en un seul moment par un grand nombre de sensations actuelles ayant des différences spécifiques (signes locaux). Pour percevoir l'étendue, l'enfant et l'animal n'ont qu'à ouvrir les yeux : c'est un spectacle actuel et intense, tandis que pour le temps, c'est un « songe effacé ».

Les enfants atteignent même des idées très élevées sur la position des objets dans l'espace, sur les relations de *près* et *loin*, de *dedans* et de *dehors*, etc., bien avant d'avoir des idées définies sur la *succession* et la *durée* des événements. James Sully parle d'un enfant de trois ans et demi qui avait une connaissance très précise des situations relatives de diverses localités visitées dans ses promenades, mais

qui brouillait tous les temps, n'avait aucune
représentation définie répondant aux termes
« *cette semaine* » ou « *la semaine dernière* », et
pour qui même *hier* était un passé absolument indéterminé, indiscernable de toute
autre époque. James Sully, qui fait cette
observation, s'imagine pourtant encore, avec
presque toute l'école associationniste et évolutionniste de l'Angleterre, que nous acqué-
rons l'idée d'espace par le moyen de l'idée du
temps. Nous croyons, pour notre part, avec
plusieurs psychologues allemands, tels que
Hering et Stumpf, avec MM. William James
et Ward, avec M. Alfred Fouillée, que c'est
là une illusion de l'analyse psychologique, qui
confond ses procédés de décomposition d'idées
avec les procédés spontanés et synthétiques
de l'enfant ou de l'animal[1].

Spencer suppose que les aveugles-nés n'ont
conscience de l'espace « que sous la forme de
termes successivement présentés qui accompagnent le mouvement. » A part « quelques me-
nues perceptions de coexistences », dues à des
impressions simultanées, c'est « dans le nom-

---

1. Sur ce point, M. Morselli, dans ses études psychologiques sur la
perception du temps et de l'espace (Rivista di Filosofia scientifica,
1886) nous donne raison, et se range aux conclusions de notre étude
sur le temps, publiée d'abord dans la *Revue philosophique*.

bre, l'ordre et le temps » que l'aveugle pense se mouvoir, et non, comme nous, dans l'étendue[1]. Riehl admet aussi que l'espace est un caractère appartenant exclusivement aux sensations visuelles. Cette doctrine nous paraît tout à fait imaginaire, et nous ne croyons pas à cette antériorité de l'ordre du temps sur celui de l'espace. D'abord, comment se représenter l'*ordre*, sinon d'une manière *figurative* qui est toujours plus ou moins *spatiale* ? L'aveugle-né se représente la sensation de sa main prenant le morceau de pain et en ayant le contact, puis le contact du morceau de pain avec sa bouche, puis le contact de la bouchée traversant l'œsophage. Ce sont là des représentations d'*espace* tactile, et non pas seulement de temps tactile, car il y a là des contacts localisés en divers points de l'organisme. L'aveugle connaît aussi bien que nous la place de sa main droite, celle de sa main gauche, celle de sa bouche, celle de son gosier, etc. Il n'a pas besoin de les voir ; il fait mieux que voir, il sent et touche. Nous pensons donc, avec les psychologues cités plus haut, que *toutes* nos sensations, internes et externes, ont une forme d'*extension* plus ou moins

1. Psych. II, p. 209.

vague, que plonger sa main dans l'eau froide,
par exemple, donne une sensation de froid
moins *étendue* que le bain du bras entier. Il n'y
a pas besoin de voir, ni même de toucher son
corps pour sentir qu'on est tout entier dans
l'eau ou qu'on y a seulement le petit doigt.
« L'espace, comme dit M. Fouillée, est le
mode naturel de représentation des sensations
simultanées venues des divers points de l'organisme.» Nous ne pensons donc pas qu'il y ait
besoin de mesurer des temps et des distances
entre nos divers organes pour penser les choses
dans l'espace. Spencer fait appel à l'idée la plus
obscure, l'idée du temps, pour éclaircir celle
qui l'est le moins et qui est le plus directement intuitive ou imaginative, l'idée d'espace.

CHAPITRE II

———

Le premier moment de l'évolution mentale, avons-nous dit, c'est une multiplicité confuse de sensations et de sentiments, multiplicité que nous pouvons d'ailleurs, aujourd'hui encore, retrouver en nous-mêmes par la réflexion. En effet, il n'y a pas d'état de conscience vraiment simple et bien délimité; la multiplicité est au fond de la conscience, surtout de la conscience spontanée. Une sensation est un mélange de mille éléments. Quand je dis : j'ai froid, j'exprime par un mot une multitude d'impressions qui me viennent de toute la surface du corps. De même que chaque sensation particulière est multiple, un état général de conscience, à un moment donné, est composé d'une très grande multiplicité de sensations. En ce moment j'ai mal aux dents, j'ai froid aux pieds, j'ai faim, voilà des sensations douloureuses ; en même temps le soleil me rit aux yeux, je respire l'air frais du matin et je pense à déjeuner tout à l'heure, voilà des sensations ou images agréables. Tout cela est entremêlé de la recherche d'idées philosophiques, d'un sentiment vague de tension d'esprit, etc. Plus on y songe, plus on est effrayé de la complexité de ce qu'on appelle *un* état de conscience et du nombre indéterminable de sensations simultanées qu'il suppose. Il faut tout un travail pour introduire dans cet amas l'ordre du temps, comme la Psyché patiente de la fable mettait en ordre tous les éléments minuscules qu'on lui avait imposé de ranger.

Le premier moment de ce travail d'analyse, c'est ce que les Anglais appellent la *discrimination*, la perception des *différences*. Supprimez cette perception des différences, et vous supprimerez le temps. Il y a une chose remarquable dans les rêves, c'est la métamorphose perpétuelle des images, qui, quand elle est *continue* et sans contrastes tranchés, abolit le sentiment de la durée. L'autre jour, je rêvais que je caressais un chien de Terre-Neuve; peu à peu le chien devint un ours, et cela graduellement, sans provoquer de ma part aucun étonnement. De même les lieux changent quelquefois non par un coup de théâtre, mais par une série de transitions qui empêchent de remarquer ce changement : j'étais tout à l'heure dans une petite maison, me voici maintenant dans un *palazzo* italien regardant des tableaux du Corrège; j'étais tout à l'heure moi-même, maintenant je suis un autre. Cela se passe comme sur un théâtre où l'on voit peu à peu des arbres et des maisons s'en aller, remplacés à mesure par d'autres décors, avec cette différence que, dans le rêve, l'attention étant endormie, chaque image qui disparaît *disparaît tout entière :* alors la comparaison entre l'état *passé* et l'état *présent* devient impossible; tout nouvel arrivant occupe seul la scène et nous fait entièrement oublier les autres acteurs ou les autres décors. A cause de cette absence de contraste, de différences, les changements les plus considérables peuvent s'accomplir en échappant à la conscience et sans s'organiser dans le temps. C'est une preuve que nous n'avons point de cadre *a priori* pour y placer les objets, que ce sont nos perceptions mêmes qui se font leurs cadres quand elles sont distribuées régulièrement. Dans une masse absolument homogène rien ne pourrait donner naissance à l'idée de temps : la durée ne commence qu'avec une certaine variété d'effets.

D'autre part une hétérogénéité trop absolue, si elle était possible, exclurait aussi l'idée de temps, qui a parmi ses principaux caractères la continuité, c'est-à-dire l'unité dans la variété. Si notre vie passe à travers des milieux trop divers, si des images trop hétérogènes viennent frapper nos yeux, la mémoire se trouble, met avant ce qui est après, embrouille tout. C'est ce qui se produit aisément dans les voyages, où une foule de sensations sans rapport l'une avec l'autre se succèdent avec rapidité. Pascal observait que les voyages ressemblent aux rêves : si nous voyagions toujours sans jamais nous arrêter et surtout sans avoir organisé nous-mêmes le plan du voyage, nous aurions peine à distinguer la veille du rêve. Il faut une certaine continuité dans les sensations, une certaine logique naturelle ; il faut que l'une sorte de l'autre, qu'elles s'enchaînent toutes ensemble. *Memoria non facit saltus.* Pour constater le changement, il faut un point fixe.

Quand nous nous analysons nous-mêmes, nous retrouvons sous chaque image actuelle, sous chaque objet ou série d'objets qui s'offre à nous, sous chacune de nos pensées et chacun de nos sentiments présents, un sentiment, une pensée, une image analogue que nous reconnaissons pour nôtres. Une longue expérience a fait peu à peu entrer en nous une partie du monde extérieur, et il suffit de creuser en nous-mêmes par la réflexion pour l'y retrouver sous la surface mobile des sensations et des idées présentes. Aussi rien d'absolument nouveau pour nous; et c'est là le secret de notre intelligence, car nous ne comprendrions pas ce qui n'aurait aucun analogue dans notre passé, ce qui n'éveillerait rien en nous. Platon avait raison de soutenir que connaître, c'était à moitié se souvenir, qu'il y a toujours en nous quelque chose qui correspond au savoir qu'on nous apporte du dehors.

Ce qui fait que l'animal ne peut *connaître*, c'est précisément qu'il ne *se souvient* pas à proprement parler. Dans son monde intérieur existe, nous l'avons vu, une confusion qui rend non moins confus pour lui le monde extérieur. En effet, connaître, c'est comparer un souvenir à une sensation. Pour que la connaissance soit nette, il faut que le souvenir soit distinct, précis, localisé à tel point de l'espace. Si tout s'écoulait en nous comme l'eau d'un fleuve, notre pensée s'en irait aussi et disparaîtrait avec les sensations fuyantes. La première condition de la pensée, c'est de se retenir soi-même par la mémoire ; connaître, c'est reconnaître, au moins partiellement. C'est pourquoi la vie des animaux se passe comme un rêve ; encore retrouvons-nous parfois nos rêves et les reconstruisons-nous en les opposant à la vie réelle ; mais, si nous rêvions perpétuellement, nous n'aurions qu'une vague idée de nos rêves : ainsi en est-il des animaux.

La perception des différences et des ressemblances, première condition de l'idée de temps, a pour résultat la notion de dualité, et avec la dualité se construit le nombre. L'idée du nombre n'est autre chose à l'origine que la perception des différences sous les ressemblances ; les diverses sensations, d'abord les sensations contraires, comme celles de plaisir et de douleur, puis celles des différents sens, par exemple du tact et de la vue, se distinguent plus ou moins nettement les unes des autres.

Ainsi la *discrimination*, élément primordial de l'intelligence, n'a pas besoin de l'idée de temps pour s'exercer : c'est au contraire le temps qui la présuppose. La notion même de *séquence*, à laquelle Spencer ramène le temps, est dérivée. Primitivement, tout coexiste, et les sensations tactiles ou visuelles tendent à prendre spontanément la forme vague de l'espace, sans distinction de plans, sans dimensions précises. Quand nous disons que tout coexiste, nous empruntons encore au langage du temps un terme trop clair, exprimant une relation consciente et réfléchie de simultanéité : à l'origine, on n'a pas plus la notion de coexistence que celle de succession, on a une image confuse et diffuse de choses multiples, répandues autour de nous, et le terme même d'étendue est trop net pour exprimer ce chaos. Seul le mouvement y introduira plus tard des divisions, des distinctions, par l'effort qu'il suppose ; c'est le mouvement volontaire qui créera pour notre esprit la troisième dimension de l'espace, et sans lui tout resterait sur le même plan. Bien plus, la notion même de plan et de surface ne naîtra que si la surface est parcourue par un mouvement de la main et des yeux. Nous verrons tout à l'heure qu'il en est de même pour le temps.

Outre les trois premiers éléments de l'idée de temps : *différences, ressemblances* et *nombre*, la conscience nous met bientôt en possession d'un quatrième, dont l'importance est capitale : l'*intensité*, le *degré*. Selon nous, il y a une connexion intime entre le *degré* et le *moment*. Entre les diverses sensations et les divers efforts moteurs de même espèce il existe en général des gradations et une sorte d'échelle qui permet de passer de l'un à l'autre. J'ai d'abord appétit, puis faim, puis une vive douleur d'estomac mêlée d'éblouissements et d'un sentiment général de faiblesse ; voilà l'exemple d'une sensation passant par une foule de degrés. Il en est ainsi de la plupart de nos sentiments dans la vie habituelle : ils se ramènent à un petit nombre, mais ils sont susceptibles de variations perpétuelles, de dégradations ou d'accroissements presque à l'infini. La vie est une évolution lente ; chaque *moment du temps* présuppose un *degré* dans l'*activité* et dans la *sensibilité*, un accroissement ou une diminution, une variation quelconque, en d'autres termes un rapport composé de quantité et de qualité. S'il n'y avait pas division, variation et degré dans l'activité ou la sensibilité, il n'y aurait pas de temps. Le balancier primitif qui sert à mesurer le temps et contribue même à le créer pour nous, c'est le battement plus ou moins intense, plus ou moins ému de notre cœur.

Bain remarque avec raison que nous ne pouvons soulever un poids à la hauteur d'un pied, puis de deux pieds, sans avoir une expérience particulière de durée; dans le sentiment du *continu*, par exemple du mouvement continu, de l'effort continu, il y a « une aperception de degré. » Mais Bain ajoute que « cette aperception de degré est le fait appelé temps ou durée. » — Cette conclusion est inadmissible. Il y a autre chose dans la durée qu'une aperception de degrés d'intensité, quelque commode que soit cette aperception pour nous rendre sensible la succession, qui est la caractéristique du temps.

Les éléments qui précèdent nous fournissent simplement ce qu'on pourrait appeler le *lit* du temps, abstraction faite de son *cours*, ou, si l'on préfère, le cadre dans lequel le temps semble se mouvoir, l'ordre selon lequel il range les représentations dans notre esprit, en un mot la *forme* du temps. C'est *un ordre de représentations à la fois différentes et ressemblantes, formant une pluralité de degrés.* De plus, le souvenir même a ses degrés, suivant qu'il est plus ou moins lointain : tout changement qui vient se représenter dans la conscience laisse en elle, comme résidu, une série de représentations disposées selon une espèce

de ligne, dans laquelle toutes les représentations lointaines tendent à s'effacer pour laisser
place à d'autres représentations toujours plus
nettes. Tout changement produit ainsi dans
l'esprit une sorte de traînée lumineuse analogue à celle que laissent dans le ciel les étoiles
filantes. Au contraire, un état fixe apparaît
toujours avec la même netteté, dans le même
milieu, comme les grands astres du ciel. Ajoutons donc encore aux éléments qui précèdent
les *résidus*, de netteté et d'intensité différentes,
laissés dans la mémoire par le changement.

La preuve que la représentation de l'avant
et de l'après est un jeu d'images et de résidus, c'est que nous pouvons très bien les
confondre. C'est ce qui arrive dans les expériences psychophysiques où le sujet note
un son avant de l'avoir entendu, et surtout
dans les expériences où, étant données deux
étincelles successives rapprochées, il confond
celle qui est apparue la première avec la
seconde. Dans le phénomène de l'attente vive,
on peut se représenter si fortement le son
attendu qu'on l'entend avant qu'il ne se produise. Quant à l'ordre interverti entre les étincelles, il vient sans doute de ce que l'attention,
s'appliquant tantôt à l'une, tantôt à l'autre,
grossit celle à laquelle elle s'attache, lui donne

une intensité qui la *rapproche* au regard de la conscience, alors même qu'elle est la plus éloignée dans le temps.

Nous avons déterminé tout ce qui, dans le temps, n'est pas le changement même saisi sur le fait, ou ce que nous avons appelé le *lit* du temps par opposition à son *cours*. Reste à faire courir et couler le temps dans la conscience; il faut que, dans ce lit tout prêt fourni par l'imagination, quelque chose d'actif et de mouvant se produise pour la conscience. Jusqu'à présent nous avons fait de la pensée quelque chose de tout passif, où vient se refléter une variété d'objets ayant des *degrés* divers, avec des *résidus* disposés en un *ordre* d'accroissement ou de décroissance, le tout en quelque sorte *fixé;* essayons maintenant de montrer la part de l'activité, de la réaction cérébrale et mentale.

CHAPITRE III

Le cours du temps se ramène, dans l'esprit adulte, à trois parties qui s'opposent entre elles et qui sont le présent, le futur, le passé. Tout d'abord, sous l'idée de *présent*, se trouve celle d'*actualité*, d'*action*, qui ne semble nullement une idée dérivée de celle du temps, mais bien une idée antérieure. L'action enveloppe le temps, soit, et l'*actuel* enveloppe le présent, mais la conscience de l'actuel et de l'action ne provient pas du temps. Le présent même n'est pas encore le temps ou la durée,

2

car toute durée, tout cours du temps, pouvant se décomposer en présent et en passé, consiste essentiellement dans l'addition de quelque chose à la pure et immobile idée du présent. Cette idée même du présent est une conception abstraite, dérivée, qui n'existait à l'origine qu'implicitement dans celle de l'action, de l'effort actuel. Le vrai présent, en effet, serait un instant indivisible, un moment de transition entre le passé et le futur, moment qui ne peut être conçu que comme infiniment petit, mourant et naissant à la fois. Ce présent rationnel est un résultat de l'analyse mathématique et métaphysique : le présent empirique d'un animal, d'un enfant, et même d'un adulte ignorant, en est très éloigné ; c'est un simple morceau de durée ayant en réalité du passé, du présent et du futur, morceau divisible en une infinité de *présents* mathématiques auxquels ne songe ni l'animal, ni l'enfant, ni l'homme vulgaire. Le vrai point de départ de l'évolution n'est donc pas plus l'idée du présent que celle du passé ou du futur. C'est l'*agir* et le *pâtir*, c'est le *mouvement* succédant à une *sensation*.

L'idée des trois parties du temps est une scission de la conscience. Quand les cellules de certains animaux sont parvenues à tout leur

accroissement possible, elles se divisent en
deux par scissiparité; il y a quelque chose
d'analogue dans la génération du temps.

Comment se fait cette division des moments
du temps dans la conscience primitive ? —
Selon nous, elle a lieu par la division même du
pâtir et de l'agir. Quand nous éprouvons une
douleur et réagissons pour l'écarter, nous
commençons à couper le temps en deux, en
présent et en futur. Cette réaction à l'égard
des plaisirs et des peines, quand elle devient
consciente, est l'*intention;* et, selon nous, c'est
l'intention, spontanée ou réfléchie, qui engendre à la fois les notions de l'espace et du temps.
En ce qui concerne l'espace, on a repro-
ché aux Anglais d'avoir fait une pétition
de principe en prétendant en expliquer l'idée
par une simple série d'efforts musculaires et
de sensations musculaires, dont nous apprécions l'intensité, la vitesse et la *direction;* postuler la « direction », en effet, n'est-ce pas
déjà présupposer et postuler l'espace même
qu'il s'agissait d'engendrer dans notre esprit?
Mais, si le mot de direction est effectivement
assez malheureux, on peut y substituer celui
d'*intention.* L'intention ne présuppose pas l'idée
de l'espace; elle ne suppose que des images
de sensations agréables ou pénibles, avec des

efforts moteurs pour réaliser les premières ou se dérober aux secondes. L'animal qui se représente sa proie, ou même qui la voit, n'a pas besoin de penser l'espace ni la direction pour avoir l'intention de l'avaler et pour commencer les efforts moteurs nécessaires. Direction, à l'origine, c'est simplement intention, c'est-à-dire image d'un plaisir ou d'une peine et des circonstances concomitantes, puis innervation motrice. De l'*intention*, peu à peu consciente de soi et de ses effets, sortira la *direction* proprement dite et avec elle l'*étendue*.

Il en est de même pour le temps. Le futur, à l'origine, c'est le *devant être*, c'est ce que je n'ai pas et ce dont j'ai désir ou besoin, c'est ce que je travaille à posséder ; comme le présent se ramène à l'activité consciente et jouissant de soi, le futur se ramène à l'activité tendant vers autre chose, cherchant ce qui lui manque. Quand l'enfant a faim, il pleure et tend les bras vers sa nourrice : voilà le germe de l'idée d'avenir. Tout besoin implique la possibilité de le satisfaire ; l'ensemble de ces possibilités, c'est ce que nous désignons sous le nom du futur. Un être qui ne désirerait rien, qui n'aspirerait à rien, verrait se fermer devant lui le temps. Nous étendons la main,

et l'espace s'ouvre devant nous, l'espace que
des yeux immobiles ne pourraient saisir avec
la succession de ses plans et la multiplicité de
ses dimensions. De même pour le temps : il
faut désirer, il faut vouloir, il faut étendre la
main et marcher pour créer l'avenir. L'*avenir*
n'est pas *ce qui vient vers nous*, mais *ce vers
quoi nous allons.*

A l'origine, le cours du temps n'est donc
que la distinction du voulu et du possédé, qui
elle-même se réduit à l'intention suivie d'un
sentiment de satisfaction. L'intention, avec
l'effort qui l'accompagne, est le premier germe
des idées vulgaires de cause efficiente et de
cause finale. C'est par une série d'abstractions
scientifiques qu'on arrive à leur substituer les
idées de succession constante, d'antécédent et
de conséquent invariable, de déterminisme te
de mécanisme régulier. A l'origine, les idées
de cause et de fin ont un caractère d'anthro-
pomorphisme ou, si l'on veut, de fétichisme :
elles sont le transport hors de nous de la force
musculaire (cause efficiente) et de l'intention
(cause finale). Ces notions métaphysiques ont
à l'origine une signification non seulement
tout humaine, mais tout animale, car le besoin
à satisfaire et l'innervation motrice sont les
expressions de la vie dans tout animal. C'est

le rapport de ces deux termes qui, selon nous,
a engendré tout d'abord la conscience du
temps ; ce dernier ne fut à l'origine, en quelque
sorte, que l'intervalle conscient entre le besoin
et sa satisfaction, la distance entre « la coupe
et les lèvres ».

Aujourd'hui les psychologues sont tentés
d'intervertir l'ordre de la genèse du temps.
Remplis de leurs idées toutes scientifiques et
toutes modernes sur la causalité, ils nous
disent : la cause efficiente se réduit pour l'en-
tendement à une simple succession d'antécédent et de conséquent selon un ordre invariable ou même nécessaire ; la cause finale se
réduit de même à un rapport d'antécédent et
de conséquent, à une succession. Puis, quand
les psychologues arrivent à la question du
temps, ils continuent de placer l'idée de succession à la racine même de la conscience :
ils font consister cette dernière dans un rythme
d'antécédents et de conséquents saisi sur le
fait; dès lors le *prius* et le *posterius*, le *non
simul*, deviennent un rapport constitutif de la
« représentation « même, une « forme de la
représentation», et une forme *a priori*. Selon
nous, cette théorie met des idées scientifiques,
venues fort tard, à la place des fétiches primi-
tifs de la conscience, qui sont la force ou cause

efficiente et le but ou cause finale. L'animal
ne pratique que la philosophie de Maine de
Biran : il sent et il fait effort, il n'est pas encore
assez mathématicien pour songer à la *succession*, encore moins à la *succession constante*,
encore bien moins à la *succession nécessaire*.
Le rapport d'antécédent à conséquent, de
prius à *posterius*, ne se dégagera que dans la
suite par une analyse réfléchie.

Est-ce à dire que le temps ne soit pas déjà
en germe dans la conscience primitive ? — Il
y est sous la forme de la force, de l'effort, et,
quand l'être commence à se rendre compte de
ce qu'il veut, de l'*intention;* mais alors, le
temps est tout englobé dans la sensibilité et
dans l'activité motrice, et par cela même il ne
fait qu'un avec l'espace; le futur, c'est ce qui
est *devant* l'animal et qu'il *cherche* à prendre ;
le passé, c'est ce qui est *derrière* et qu'il ne
voit plus; au lieu de fabriquer savamment
de l'espace avec le temps, comme fait
Spencer, il fabrique grossièrement le temps
avec l'espace; il ne connaît que le *prius* et le
posterius de l'étendue. Mon chien, de sa niche,
aperçoit devant lui l'écuelle pleine que je lui
apporte : voilà le futur; il sort, se rapproche,
et, à mesure qu'il avance, les sensations de la
niche s'éloignent, disparaissent presque, parce

que la niche est maintenant derrière lui et qu'il ne la voit plus; voilà le passé.

En somme, la *succession* est un abstrait de l'*effort moteur* exercé dans l'*espace*; effort qui, devenu conscient, est l'*intention*.

Dans la conscience adulte, l'idée d'intention, de fin, de but, reste l'élément essentiel pour classer les souvenirs. Si nous avions simplement conscience de chaque action en particulier, sans grouper ces diverses actions autour de plusieurs fins distinctes, combien la mémoire nous serait difficile! Au contraire, l'idée de fin étant donnée, nos diverses actions deviennent une série de moyens, se rangent, s'organisent par rapport à la fin poursuivie, de façon à satisfaire un Aristote ou un Leibnitz. Si je veux aller en Amérique, il s'ensuit que je veux d'abord passer la mer, et pour cela que je veux m'embarquer au Havre ou à Bordeaux. Toutes ces volontés s'enchaînent l'une à l'autre dans un ordre logique, et tous les souvenirs auxquels elles donneront naissance se trouveront du même coup enchaînés. Il y a dans la vie une certaine logique, et c'est cette logique qui permet le souvenir. Là où règnent l'illogique et l'imprévu, la mémoire perd beaucoup de prise. La vie absolument sans logique ressemblerait à ces mauvais drames où les divers

événements ne sont pas rattachés et d'où l'on
ne retire que des images confuses, qui se
fondent l'une dans l'autre.

L'*intention*, la fin poursuivie, aboutit toujours à une *direction* dans l'espace et conséquemment à un mouvement ; on peut donc
dire que le temps est une abstraction du mouvement, de la κίνησις, une formule par laquelle
nous résumons un ensemble de sensations ou
d'efforts distincts les uns des autres. Quand
nous disons : « ce village est à deux heures
d'ici », le temps n'est qu'une simple mesure de
la *quantité d'efforts* nécessaire pour atteindre
à travers l'espace le village en question.
Cette formule ne contient rien de plus que
cette autre : ce village est à tant de milliers de
pas, ou que cette autre plus abstraite : il est à
tant de kilomètres, ou enfin que cette autre
plus psychologique : il est à tant d'efforts musculaires. L'idée même du mouvement se ramène, pour la conscience, à la conception d'un
certain nombre de sensations d'effort musculaire et de résistance disposées selon une ligne
entre un point de l'espace où l'on est et un autre
point où l'on *veut* être. Pourquoi cette idée, à
l'origine, présupposerait-elle l'idée de temps?
Je fais plusieurs pas dans une direction donnée:
pour cela il a fallu des efforts musculaires ana-

logues avec des sensations différentes tout le long du chemin. Voilà la notion primitive du mouvement. Ajoutez que, les divers pas étant faits dans une *intention* déterminée, vers les fruits d'un arbre par exemple, les groupes de sensations que j'ai éprouvées se disposent dans mon imagination selon une ligne, les uns apparaissant à tel point par rapport à l'arbre, les autres à tel autre point. Voilà à la fois le germe de l'idée de temps et de l'idée de mouvement dans l'espace.

Si je vais du point A au point B et que je revienne du point B au point A, j'obtiens ainsi deux séries de sensations dont chaque terme correspond à un des termes de l'autre série. Seulement, ces termes correspondants se trouvent rangés dans mon esprit tantôt par rapport au point B pris comme but, tantôt par rapport au point A. Je n'ai alors qu'à appliquer les deux séries l'une sur l'autre en les retournant pour qu'elles coïncident parfaitement d'un bout à l'autre. Cette entière coïncidence de deux groupes de sensations, comme on sait, est ce qui distingue le mieux l'espace du temps. Quand je ne considère pas cette coïncidence possible ou réelle, je n'ai dans la mémoire qu'une série de sensations, rangées selon un ordre de netteté. L'idée du temps

est produite par une accumulation de sensations, d'efforts musculaires, de désirs pénible-
ment rangés. Les mêmes sensations répétées,
les efforts répétés dans le même sens, dans la
même intention, forment une série dont les
premiers termes sont moins distincts et les
derniers davantage; ainsi s'établit une perspective intérieure qui va en avant, vers
l'avenir.

Le passé n'est que cette perspective retour-
née : c'est de l'actif devenu passif, c'est un
résidu au lieu d'être une anticipation et une
conquête. A mesure que nous dépensons notre
vie, il se produit au fond de nous-mêmes,
comme dans ces bassins d'où l'on fait évapo-
rer l'eau de la mer, une sorte de dépôt par
couches régulières de tout ce que tenait en
suspens notre pensée et notre sensibilité. Cette
cristallisation intérieure est le passé. Si
l'onde est trop agitée, le dépôt se fait irrégu-
lièrement par masses confuses; si elle est suffisamment calme, il prend des formes régulières.

Le temps passé est un fragment de l'espace
transporté en nous; il se figure par l'espace.
Il est impossible de modifier la disposition
des parties de l'espace : on ne peut mettre à
droite ce qui est à gauche, devant ce qui est

derrière; or, toutes les images que le souvenir
nous donne, s'attachant à quelque sensation
dans l'espace, s'immobilisent ainsi, forment
une série dont nous ne pouvons substituer l'un
à l'autre les divers termes.

Aussi toute image fournie par le souvenir ne
peut-elle être bien localisée, placée dans le
passé, qu'à condition de pouvoir se localiser
dans tel ou tel point de l'espace, ou encore
d'être associée à quelque autre image qui s'y
localise[1]. Sans l'association à de petites circonstances, tout souvenir nous apparaîtrait
comme une création. Est-ce moi qui ai imaginé et écrit quelque part : « La feuillée
chante, » expression pittoresque que je trouve
en ce moment dans ma mémoire? A cette in-
terrogation, une foule de souvenirs surgissent:
des mots latins s'associent aux mots français;
à ces mots s'associe un nom, celui de Lucrèce.
Enfin, si j'ai bonne mémoire, j'irai jusqu'à
revoir le vieux petit volume déchiré sur lequel
j'ai lu autrefois l'expression de Lucrèce : *frons
canit.*

En somme, c'est le jeu des sentiments, des
plaisirs et des douleurs qui a organisé la mémoire en représentation *présente* du *passé*, et

---

1. Nous reviendrons plus loin sur le mécanisme de sa localisation.

divisé ainsi le temps en parties distinctes. J'ai soif, je bois à un ruisseau. Un quart d'heure après, je revois le ruisseau qui, par association, me rappelle ma soif, mais, en réalité, je n'ai pas soif et l'eau fraîche ne me tente plus du tout. Et pourtant ma représentation est distincte, elle a un témoin : le ruisseau qui m'a désaltéré. Ainsi s'affirme le souvenir en face de la réalité actuelle, le passé en face du présent. L'animal même qui a bu au ruisseau commence à avoir dans la tête des cases distinctes pour le passé et pour la sensation présente.

Ce sentiment du passé n'a tout d'abord rien d'abstrait ni de scientifique ; il est associé au sentiment de plaisir que nous éprouvons à retrouver des choses déjà connues. Après avoir fait voyager un chien, ramenez-le à sa maison, il bondira de plaisir. De même un visage connu fera sourire un enfant, tandis qu'un visage inconnu lui fera peur. Il y a une différence appréciable pour la sensibilité entre voir et revoir, entre découvrir et reconnaître. L'habitude produit toujours une certaine facilité dans la perception, et cette facilité engendre un plaisir. L'habitude suffit déjà à elle seule pour créer un certain ordre : on pourrait peut-être dire que tout sentiment de désordre vient de l'inaccoutumance.

La masse confuse et obscure de nos souvenirs accumulés ressemble à ces grandes forêts qu'on aperçoit de loin comme une seule masse d'ombre; quand on y pénètre, on distingue de longues percées sous les arbres, des halliers, des clairières, des perspectives où les yeux se perdent. Bientôt on y remarque des points de repère qui servent à se reconnaître : on s'habitue à y marcher sans crainte et sans hésitation. Tous ces grands arbres en désordre s'arrangent dans l'esprit et s'y disposent selon des associations fixes. Au début, rien que des souvenirs passivement conservés, d'où suit la confusion dont nous avons parlé; partant, point d'idée claire du passé en opposition avec le présent et l'avenir. Puis vient l'imagination, avec l'intelligence, qui jouent avec les images et les idées, les mettent ici ou là, à leur gré, rêvent un monde selon nos désirs. Alors se produit un contraste de l'imagination active avec le souvenir présent, qu'on ne peut modifier si aisément, qui reste ancré dans une masse d'associations dont on ne peut le détacher. La scission se produit alors en nous : l'imagination passive ou mémoire se distingue de l'imagination active.

Nous avons vu que le sentiment du temps vient en partie du sentiment de la différence, mais il n'y a pas autant de différence qu'on pourrait le croire entre nos sensations, ou plutôt la différence de degré n'exclut pas une certaine unité de forme. Les sensations rentrent dans un certain nombre d'espèces, selon qu'elles proviennent de mon bras, de ma jambe, de ma tête, etc. Dans une journée ou même dans une époque entière de la vie, il y a, le plus souvent, une ou plusieurs espèces de sensations dominantes; de là l'unité dans la variété. Tout à l'heure, pendant que j'écrivais, ma mémoire me représenta soudain l'image d'un petit ravin ombragé de pins et de tuyas. Quand donc m'y suis-je promené? me demandai-je. Et sans hésitation, quoique après un temps mathématiquement appréciable, cette réponse intérieure m'arrive : hier. A quoi donc ai-je reconnu immédiatement que c'était hier? En y réfléchissant, je remarque qu'au souvenir de cette promenade est associée la sensation du mal de tête; or je souffre encore de la tête en ce moment même : c'est pour cela que la localisation dans le temps a été très prompte. Sous les divers événements de ma journée se retrouve ainsi une sensation continue qui les relie entre eux. D'autres fois, c'est un groupe de sensations qui adhèrent l'une à l'autre. Mais le souvenir exact, pour

être possible, demande toujours que les sensations les plus hétérogènes soient reliées
entre elles par d'autres qui le sont moins.

La distinction du passé et du présent est
tellement relative, que toute image lointaine
donnée par la mémoire, lorsqu'on la fixe par
l'attention, ne tarde par à se rapprocher, à
apparaître comme récente : elle prend sa
place dans le présent. Je suis un petit chemin
que je n'avais pas suivi depuis deux ans; le
chemin serpente sous les oliviers, aux flancs
d'une montagne, avec la mer dans le fond. A
mesure que j'avance, je reconnais tout ce que
je vois; chaque arbre, chaque rocher, chaque
maisonnette me dit quelque chose; ce grand
pic là-bas me rappelle des pensées oubliées;
en moi s'élève tout un bruit confus de voix
qui me chantent le passé déjà lointain. Mais
ce passé est-il donc aussi lointain que je le
crois? Ce long espace de deux ans, si rempli
d'événements de toute sorte et qui s'interpo-
sait entre mes souvenirs et mes sensations, je
le sens qui se raccourcit à vue d'œil. Il me
semble que tout cela, c'était hier ou avant-hier;
je suis porté à dire : l'autre jour. Pourquoi, si
ce n'est parce que le sentiment du passé nous
est donné par l'effacement des souvenirs? Or,
tous mes souvenirs, en s'éveillant sous l'in-

fluence de ce milieu nouveau, en rentrant pour ainsi dire dans le monde des sensations qui les ont produits, acquièrent une force considérable : ils me deviennent *présents*, comme on dit. Si j'avais avec moi le chien de montagne qui m'accompagnait autrefois dans mes promenades, il reconnaîtrait évidemment ce chemin comme moi, il éprouverait du plaisir à s'y retrouver, il remuerait la queue et gambaderait. Et comme il ne mesure pas le temps mathématiquement d'après le cours des astres, mais empiriquement d'après la force de ses souvenirs, il lui semblerait peut-être qu'il est venu tout récemment dans ce chemin.

Il y a des rêves dont on se souvient un jour tout à coup sans pouvoir les rattacher à rien. On est prêt alors à les confondre avec une réalité, si toutefois ils ne sont pas invraisemblables et n'offrent pas la confusion habituelle des rêves. Mais on ne sait pas où les placer, on cherche en vain à les rattacher à l'image de tel ou tel objet. Impossible. Il y a de telles images produites en rêve et quelquefois pendant la veille, dans le vague d'une pensée indifférente, dont on ne peut en aucune façon déterminer l'époque. Si on les projette encore dans le passé, c'est par une simple habitude, et aussi à cause de l'effacement de leurs contours.

Nous avons tracé dans son ensemble, la genèse de l'idée de temps, nous avons montré son origine tout empirique et dérivée. L'idée de temps comme celle d'espace, est empiriquement le résultat de l'adaptation de notre activité et de nos désirs à un même milieu inconnu, peut-être inconnaissable. Qu'est-ce qui correspond en dehors de nous à ce que nous appelons le temps, l'espace? nous n'en savons rien; mais le temps et l'espace ne sont pas des catégories toutes faites et préexistantes en quelque sorte à notre activité, à notre intelligence. En désirant et en agissant dans la direction de nos désirs, nous créons à la fois l'espace et le temps; nous vivons, et le monde, ou ce que nous appelons tel, se fait sous nos yeux. Aussi est-ce surtout l'énergie de la volonté qui produit la ténacité de la mémoire, au moins en ce qui concerne les événements. Là où notre moi est intéressé, soit qu'il prenne les devants et agisse sur les choses, soit que les choses, en agissant violemment sur lui, excitent une réaction proportionnelle, le souvenir se fixe, se creuse, se donne à lui-même une énergie qui persiste à travers la durée.

Le désir enveloppe en germe l'idée de possibilité, et cette idée de possibilité, en s'opposant
à celle de réalité, devient un « antécédent »,
c'est-à-dire quelque chose d'idéal et d'imaginé
qui précède l'apparition vive du réel. Le désir, d'ailleurs, est un mouvement commencé,
et le mouvement commencé, c'est le défilé
d'images qui se déroule, le défilé de scènes dans
l'espace et de positions successives.

Les conditions de la mémoire et de l'idée du
temps sont donc :

1° Variété des images ;

2° Association de chacune à un lieu plus
ou moins défini ;

3° Association de chacune à quelque intention et action, à quelque fait intérieur plus
ou moins *émotif* et d'une *tonalité* agréable ou
pénible, comme disent les Allemands. Il résulte de tout cela un rangement spontané des
images en forme sérielle et *temporelle*.

C'est le mouvement dans l'espace qui crée
le temps dans la conscience humaine. Sans
mouvement, point de temps. L'idée de mouvement se ramène à deux choses : force et espace ;
l'idée de force se ramène à l'idée d'activité,
l'idée d'espace à une exclusion mutuelle des
activités, qui fait qu'elles se résistent et se
rangent d'une certaine manière. Ce mode de

distribution, dans lequel les choses sont non seulement distinctes mais, *distantes*, est l'espace. Le temps (objectivement) se ramène à des changements nécessaires dans l'espace, changements que nous figurons tantôt par des lignes sans fin, tantôt par des lignes fermées (*périodes*).

CHAPITRE IV

LE TEMPS ET LA MÉMOIRE,
LE SOUVENIR ET LE PHONOGRAPHE.
L'ESPACE COMME MOYEN DE REPRÉSENTION DU TEMPS.

I

Le raisonnement par analogie a une importance considérable dans la science ; peut-être même, si l'analogie est le principe de l'induction, fait-elle le fond de toutes les sciences physiques et psycho-physiques. Bien souvent une découverte a commencé par une métaphore. La lumière de la pensée ne peut guère se projeter dans une direction nouvelle et éclairer des angles obscurs qu'à condition d'y être renvoyée par des surfaces déjà lumineuses. On n'est frappé que de ce qui vous rappelle quelque chose tout en en différant. Comprendre, c'est, du moins en partie, se souvenir.

Pour essayer de comprendre les facultés ou mieux les fonctions psychiques, on a usé de bien des comparaisons, de bien des métaphores. Ici en effet, dans l'état encore imparfait de la science, la métaphore est d'une nécessité absolue : avant de *savoir*, il faut commencer par nous *figurer*. Aussi le cerveau humain a-t-il été comparé à beaucoup d'objets divers. Selon Spencer, il a quelque analogie avec ces pianos mécaniques qui peuvent reproduire un nombre d'airs indéfini. M. Taine en fait une sorte d'imprimerie fabriquant sans cesse et mettant en réserve des clichés innombrables. Mais tous ces termes de comparaison ont paru encore un peu grossiers. On prend en général le cerveau à l'état de repos; on y considère les images comme fixées, *clichées;* ce n'est pas exact. Il n'y a rien de tout fait dans le cerveau, pas d'images réelles, mais seulement des images virtuelles, potentielles, qui n'attendent qu'un signe pour passer à l'acte. Reste à savoir comment se produit ce passage à la réalité. C'est ce qu'il y a de plus mystérieux, c'est, dans le mécanisme cérébral, la part réservée à la dynamique par opposition à la statique. Il faudrait donc un terme de comparaison où l'on vît non seulement un objet recevoir et garder une empreinte, mais cette empreinte même revivre à un moment donné du temps et reproduire dans l'objet une vibration nouvelle. Peut-être, après réflexion, l'instrument le plus délicat, réceptacle et moteur tout ensemble, auquel on pourrait comparer le cerveau humain, serait le phonographe récemment inventé par Edison. Depuis quelque temps déjà nous pensions à indiquer cette comparaison possible, quand nous avons trouvé, dans un article de M. Delbœuf sur la mémoire, cette phrase jetée en passant qui nous confirme dans notre intention : « L'âme est un cahier de feuilles phonographiques.»

Quand on parle devant le phonographe, les vibrations de la voix se transmettent à un style qui creuse sur une plaque de métal des lignes correspondantes au son émis, des sillons inégaux, plus ou moins profonds suivant la nature des sons. C'est probablement d'une manière analogue que sont tracées sans cesse dans les cellules du cerveau d'invisibles lignes, qui forment les lits des courants nerveux. Quand, après un certain temps, le courant vient à rencontrer l'un de ces lits tout faits, où il a déjà passé, il s'y engage de nouveau. Alors les cellules vibrent comme elles ont vibré une première fois, et à cette vibration similaire

correspond psychologiquement une sensation
ou une pensée qui est analogue à la sensation
ou à la pensée oubliée.

Ce serait alors le phénomène qui se produit dans le phonographe lorsque, sous l'action du style parcourant les traces creu-
sées précédemment par lui-même, la petite
plaque de cuivre se met à reproduire les vibrations qu'elle a déjà exécutées : ces vibrations
redeviennent pour nous une voix, des paroles,
des airs, des mélodies.

Si la plaque phonographique avait conscience d'elle-même, elle pourrait dire, quand
on lui fait reproduire un air, qu'elle se souvient de cet air; et ce qui nous paraît l'effet
d'un mécanisme lui semblerait peut-être une
faculté merveilleuse.

Ajoutons qu'elle distinguerait les airs nouveaux de ceux qu'elle a déjà dits, les sensations
fraîches des simples souvenirs, le présent du
passé. Les premières impressions, en effet, se
creusent avec effort un lit dans le métal
ou dans le cerveau; elles rencontrent plus
de résistance et ont conséquemment besoin
de déployer plus de force : quand elles
passent, elles font tout vibrer plus profon-
dément. Au contraire, si le style, au lieu
de se frayer sur la plaque une voie nou-

velle, suit des voies déjà tracées, il le fera avec
plus de facilité : il glissera sans appuyer. On a
dit : la *pente* du souvenir, la *pente* de la rêve-
rie ; suivre un souvenir, en effet, c'est se laisser doucement aller comme le long d'une
pente, c'est attendre un certain nombre d'images toutes faites qui se présentent l'une après
l'autre, en file, sans secousse. De là, entre la
sensation présente et le souvenir du passé, une
différence profonde. Toutes nos impressions se
rangent par l'habitude en deux classes : les
unes ont une intensité plus grande, une netteté
de contours, une fermeté de lignes qui leur
est propre ; les autres sont plus effacées, plus
indistinctes, plus faibles, et cependant se
trouvent disposées dans un certain ordre qui
s'impose à nous. *Reconnaître* une image, c'est
la ranger dans la seconde des deux classes,
qui est celle du temps. On *sent* alors d'une
façon plus faible, et on a conscience de sentir
de cette façon. C'est dans cette conscience :
1° de l'intensité moindre d'une sensation,
2° de sa facilité plus grande, et 3° du lien
qui la rattache d'avance à d'autres sensations,
que consiste le souvenir, et c'est aussi
par là que se produit la perspective du
temps. Comme un œil exercé distingue
une copie d'un tableau de maître, de

même nous apprenons à distinguer un souvenir d'une sensation présente, et nous savons
discerner le souvenir avant même qu'il scit
localisé dans un temps ou un lieu précis.
Nous projetons telle ou telle impression dans
le passé avant de savoir à quelle période du
passé elle appartient. C'est que le souvenir
garde toujours un caractère propre et distinctif, comme une sensation venue de l'estomac
diffère d'une sensation de la vue ou de l'ouïe.
De même, le phonographe est incapable de
rendre la voix humaine avec toute sa puissance
et sa chaleur : la voix de l'instrument reste
toujours grêle et froide ; elle a quelque chose
d'incomplet, d'abstrait, qui la fait distinguer.
Si le phonographe s'entendait lui-même, il
apprendrait à reconnaître la différence entre
la voix venue du dehors, qui s'imprimait de
force en lui, et la voix qu'il émet lui-même,
simple écho de la première qui trouve un chemin déjà ouvert.

Il existe encore cette analogie entre le phonographe et notre cerveau, que la rapidité des
vibrations imprimées à l'instrument peut modifier notablement le caractère des sons reproduits ou des images évoquées. Dans le phonographe, vous faites passer une mélodie d'une
octave à une autre selon que vous communi-

quez à la plaque des vibrations plus ou moins
rapides : en tournant plus vite la manivelle,
vous voyez s'élever un même air des notes les
plus graves et les plus indistinctes aux notes
les plus aiguës et les plus pénétrantes. Ne
pourrait-on dire qu'un effet analogue se produit dans le cerveau lorsque, fixant notre
attention sur un souvenir d'abord confus,
nous le rendons peu à peu plus net et le faisons, pour ainsi dire, monter d'un ou plusieurs
tons? Ce phénomène ne pourrait-il pas, lui
aussi, s'expliquer par la rapidité et la force
plus ou moins grandes des vibrations de nos
cellules? Il y a en nous une sorte de gamme
des souvenirs; sans cesse le long de cette échelle
les images montent et descendent, évoquées
ou chassées par nous, tantôt vibrant dans les
profondeurs de notre être et formant comme
une « pédale » confuse, tantôt éclatant avec
sonorité par-dessus toutes les autres. Selon
qu'elles dominent ainsi ou qu'elles s'effacent,
elles semblent se rapprocher ou s'éloigner de
nous, et nous voyons parfois la durée qui les
sépare de l'instant présent s'allonger ou se
raccourcir. Il est telle impression que j'ai
éprouvée il y a dix ans et qui, renaissant en
moi avec une nouvelle force sous l'influence
d'une association d'idées ou simplement de

l'attention et de l'émotion, ne me semble plus
dater que d'hier : ainsi les chanteurs produisent des effets de lointain en baissant la voix,
et ils n'ont qu'à l'élever pour paraître se rapprocher.

On pourrait multiplier sans.fin ces analo-
gies. La différence essentielle entre le cerveau
et le phonographe, c'est que, dans la machine
encore grossière d'Edison, la plaque de métal
reste sourde pour elle-même, la traduction du
mouvement en conscience ne s'accomplit pas ;
cette traduction est précisément la chose merveilleuse, et c'est ce qui se produit sans cesse
dans le cerveau. Il reste ainsi toujours un
mystère, mais ce mystère est, sous un rapport, moins étonnant qu'il ne le semble.
Si le phonographe s'entendait lui-même, ce
serait peut-être moins étrange que de penser
que nous l'entendons ; or, en fait, nous
l'entendons ; en fait, ses vibrations se tra-
duisent en nous par des sensations et des
pensées. Il faut donc admettre une transformation toujours possible du *réel* du mouvement en pensée,[1] transformation bien plus
vraisemblable quand il s'agit d'un mouve-

---

1. Nous ne disons pas du mouvement même, conçu comme changement de rapports.

ment intérieur au cerveau, même que d'un mouvement venu de dehors. A ce point de vue, il ne serait ni trop inexact ni trop étrange de définir le cerveau un phonographe infiniment perfectionné, un phonographe conscient.

II

Si maintenant nous passons du point de vue mécanique au point de vue psychologique, nous répéterons d'abord que comprendre, selon l'école anglaise, c'est distinguer; on ramène ainsi l'intelligence à la *discrimination;* et c'est à la même faculté que peut se ramener psychologiquement la mémoire. Se souvenir, c'est distinguer une sensation passée (image affaiblie) d'une autre sensation passée (image affaiblie), et les distinguer toutes ensemble des sensations présentes. Cherchons donc l'opposition qui peut exister entre la sensation et la représentation ou conception mnémonique.

On a soutenu que « la conception actuelle » d'un objet par l'imagination et la mémoire n'est pas possible « aussi longtemps que cet objet agit sur notre sensibilité » ; « la perception et la conception d'un même objet ne peuvent exister simultanément dans la conscience : la perception éteindrait complètement la conception. La réalité est absorbante et jalouse : toute idéalité disparaît devant elle, à la façon des étoiles devant le soleil. » M. Delbœuf, à l'appui de cette thèse, invoque l'expérience. Essayez de vous représenter vivement un tableau qui vous est familier. La chose vous sera aisée si vous fermez les yeux, et l'image pourra même acquérir un état d'intensité capable de vous faire presque illusion. Un peintre peut tracer un portrait de mémoire. Si vous tenez les yeux grands ouverts, déjà l'effort à faire est plus pénible ; vous devez, pour ainsi dire, par la puissance de votre volonté, annuler leur pouvoir visuel, les « frapper de cécité » à l'égard des choses qui pourraient attirer leur attention. Si vous fixez vos regards sur un objet déterminé, une gravure par exemple, il vous sera presque impossible de voir votre tableau en idée. « Vous n'y parviendrez en aucune façon, dit M. Delbœuf, si vous avez ce tableau même devant vous et si vous le regardez. » — Il y a là, selon nous, une très grande exagération. Il est vrai que la perception et la conception d'un même objet se gênent en ce qu'elles ont de différent, et tendent à se confondre ou même se confondent en ce qu'elles ont d'identique; mais il n'en est pas moins vrai qu'il y a superposition d'une image à une perception et qu'on a conscience de la coïncidence, de l'adaptation.

M. Delbœuf cite encore l'exemple de celui qui chante mentalement un air connu. Le bruit y met une certaine entrave; mais un air différent, qui se fait entendre dans le voisinage, le contrarie bien davantage, et cela à mesure que, par le mouvement et le rythme, il se rapproche de celui qu'on a choisi. Enfin, «s'il y a identité entre les deux chants, les tentatives que l'on fait pour entendre les notes intérieures sont complètement vaines». — Oui, les tentatives pour séparer et distinguer la représentation de la perception au moment même où elles se superposent; mais la difficulté de se représenter la sensation d'un objet présentement senti n'est pas une impossibilité.

M. Delbœuf, par les considérations précédentes, est amené à rejeter la loi dite de ressemblance, en vertu de laquelle le semblable rappellerait le souvenir du semblable. Il ne nie pas qu'un portrait rappelle l'ori-

ginal ; seulement, de l'original le portrait
rappelle non les traits qu'il retrace, mais
précisément ceux qu'il ne retrace pas. Par
exemple, comme le portrait est immobile et
muet, l'on dira « qu'on s'attend à le voir gesti-
culer, à l'entendre parler », il arrive tous les
jours que, mis en présence d'une personne
pour la seconde fois, vous vous souvenez de
l'avoir vue une première fois. « A parler
exactement, vous vous souvenez de la première fois que vous l'avez vue. » En effet,
l'objet propre du souvenir, ce sont les circonstances où vous l'avez jadis rencontrée,
en tant que différentes de celles où vous la ren-
contrez aujourd'hui. Vous vous rappellerez
le salon où elle était, les personnes avec
qui elle causait, la toilette qu'elle avait; vous
remarquerez qu'elle était plus jeune, ou plus
maigre, ou mieux portante. Bref, « vous ne
vous remémorerez en aucune façon les traits
ou les circonstances identiquement semblables. Comment d'ailleurs le pourriez-vous,
puisque vous les avez devant les yeux? »
De là M. Delbœuf tire cette conclusion,
que la perception d'une chose perçue antérieurement met en branle un ou plusieurs
états périphériques antérieurs qui, dans les
points où ils se distinguent de l'état périphé-

rique actuel, donnent lieu à des conceptions.
L'esprit juge que les objets de ces conceptions
sont absents, parce que les images en sont
ternes, comparées avec celles des objets présents dont est entourée la chose qui provoque
le souvenir. Telle est, selon lui, l'exacte signification des lois de ressemblance et de contraste que certains psychologues font à tort
figurer parmi les lois d'association. La ressemblance suscite le souvenir des différences.
L'image présente, en tant qu'identique à l'i-
mage passée, fait reparaître l'ancien cadre en
tant que différent du nouveau.

Sans rejeter ainsi l'association par ressemblance, nous pensons avec M. Delbœuf que
c'est en effet le cadre qui est important dans
le souvenir; et ce cadre, c'est avant tout un
lieu, qui provoque le souvenir d'une date. Se
souvenir, c'est en effet replacer une image
présente dans un temps et dans un milieu.
C'est « retrouver dans l'atlas le feuillet et l'endroit exacts où elle est gravée ». Cet atlas du
temps, selon nous, a pour feuillets des espaces,
des lieux et des scènes locales. L'image d'un
objet passé, reflétée par un objet semblable et
présent, fait reparaître, sous une forme affaiblie, telle page de l'atlas, c'est-à-dire tel lieu
avec telle scène, et nous disons alors que nous

reconnaissons l'objet. De plus, les pages étant plus ou moins vaguement numérotées selon leur éloignement et leurs rapports mutuels, nous changeons les scènes locales en scènes temporelles et leur assignons une date, si nous pouvons. L'espace, ici, est toujours le premier initiateur.

MM. Taine et Ribot ont très bien montré comment nous finissons par localiser d'une manière précise les images dans le temps. Théoriquement, . disent-ils, nous n'avons qu'une manière de procéder : déterminer les positions dans le temps comme on détermine les positions dans l'espace, c'est-à-dire par rapport à un *point fixe*, qui, pour le temps, est notre état présent. MM. Taine et Ribot insistent avec raison sur ce que le présent, — nous l'avons dit nous-même tout à l'heure, — est un état *réel*, qui a déjà sa *quantité de durée*. Si bref qu'il soit, le présent n'est pas un éclair, un rien, une abstraction analogue au point mathématique : il a un commencement et une fin, de plus, son commencement ne nous apparaît pas comme un commencement absolu : il touche à quelque chose, avec quoi il forme continuité. C'est ce que M. Taine appelle les « deux bouts d'une image ». Quand nous lisons ou enten-

dons une phrase, dit aussi M. Ribot, au cinquième mot,par exemple,il reste quelque chose
du quatrième. Chaque état de conscience ne s'efface que progressivement : il laisse un prolongement analogue à ce que l'optique physiolo-
gique appelle une image consécutive (et mieux
encore dans d'autres langues :*after-sensation*,
Nachempfindung). Par ce fait, le quatrième et
le cinquième mot sont en continuité, la fin de
l'un touche le commencement de l'autre. C'est
là, pour M. Ribot comme pour M. Taine, le
point capital. Il y a une contiguïté, non pas
indéterminée, consistant en ce que deux bouts
quelconques se touchent, mais en ce que « le
bout *initial* » de l'état actuel touche « le bout
final de l'état antérieur ». Si ce simple fait est
bien compris, le mécanisme *théorique* de la
localisation dans le temps l'est du même coup,
selon M. Ribot, car le passage régressif peut
se faire également du quatrième mot au troisième et ainsi de suite, et chaque état de
conscience ayant sa quantité de durée, « le
nombre des états de conscience ainsi parcourus
régressivement et leur quantité de durée donnent la position d'un état quelconque par
rapport au présent, son éloignement dans le
temps ». Tel est le mécanisme théorique de la
localisation : « une marche régressive qui,

4.

partant; du présent, parcourt une série de termes plus ou moins longue ».

Pratiquement, tous les psychologues l'ont remarqué, nous avons recours à des procédés plus simples et plus expéditifs. Nous faisons bien rarement cette course régressive à travers tous les intermédiaires, rarement à travers la plupart. Notre simplification consiste d'abord dans l'emploi de *points de repère*. M. Ribot en donne un exemple : « Le 30 novembre j'attends un livre dont j'ai grand besoin. Il doit venir de loin, et l'expédition demande au moins vingt jours. L'ai-je demandé en temps utile? Après quelques hésitations, je me souviens que ma demande a été faite la veille d'un petit voyage dont je peux fixer la date d'une manière précise au dimanche 9 novembre. Dès lors, le souvenir est complet. » L'état de conscience principal — la demande du livre — est d'abord rejeté dans le passé d'une manière indéterminée. Il éveille des états secondaires : comparé à eux, il se place tantôt avant, tantôt après. « L'image voyage, comme dit M. Taine, avec divers glissements en avant, en arrière, sur la ligne du passé; chacune des phrases prononcées mentalement a été un coup de bascule. » A la suite d'oscillations plus ou moins longues, l'image trouve enfin sa place; elle est fixée, elle est reconnue. Dans cet exemple, le souvenir du voyage est ce que M. Ribot appelle son « point de repère ». Le point de repère est un événement, un état de conscience dont nous connaissons bien la position dans le temps, c'est-à-dire l'éloignement par rapport au moment actuel, et qui nous sert à mesurer les autres éloignements : « C'est un état de conscience qui, par son intensité, lutte mieux que d'autres contre l'oubli, ou qui, par sa complexité, est de nature à susciter beaucoup de rapports, à augmenter les chances de réviviscence. Ces points de repère ne sont pas choisis arbitrairement, ils s'imposent à nous. » Ajoutons, pour notre part, qu'ils sont toujours pris dans l'étendue ou liés à l'étendue. Ainsi le voyage dont parle M. Ribot était une série de scènes dans l'espace. Même si on prend pour point de repère quelque grande douleur morale ou quelque grande joie, cette douleur, cette joie est inévitablement localisée dans l'espace, et c'est seulement par là qu'elle peut être localisée dans le temps, puis servir elle-même de point de repère à de nouvelles localisations dans le temps. C'est donc bien tout d'abord par l'espace que nous fixons et mesurons le temps.

M. Ribot compare les points de repère aux bornes kilométriques, aux poteaux indicateurs placés sur des routes, qui, partant d'un même point, divergent dans différentes directions. « Il y a toutefois, ajoute-t-il, cette particularité que ces séries peuvent en quelque sorte se juxtaposer pour se comparer entre elles. » — Mais, demanderons-nous, d'où vient cette possibilité de juxtaposer des durées, alors que la juxtaposition véritable est possible seulement pour l'espace? De ce qu'en réalité, en croyant juxtaposer directement des durées, nous juxtaposons réellement des images spatiales, des perspectives spatiales. Nous prenons des années de notre vie, des périodes d'années, et chaque année est représentée par une révolution visible du soleil subdivisée en parties, où nous intercalons les principales scènes visibles de notre vie de l'année.

Les points de repère permettent de simplifier le mécanisme de la localisation dans le temps. L'événement qui sert comme point de repère revient très souvent dans la conscience; il est très souvent comparé au présent quant à sa position dans le temps, c'est-à-dire que les états intermédiaires qui l'en séparent sont éveillés plus ou moins nettement. Il en résulte, selon MM. Taine et Ribot, que la position du point de repère est ou semble de mieux en mieux connue. Par la répétition, cette localisation devient immédiate, instantanée, automatique. C'est un cas analogue à la formation d'une habitude. Les intermédiaires disparaissent, parce qu'ils sont inutiles. La série est réduite à deux termes, et ces deux termes suffisent, parce que leur éloignement dans le temps est suffisamment connu. « Sans ce *procédé abréviatif*, sans la disparition d'un nombre prodigieux de termes, la localisation dans le temps serait très longue, très pénible, restreinte à d'étroites limites. Grâce à lui, au contraire, dès que l'image surgit, elle comporte une première localisation tout instantanée, elle est posée entre deux jalons, le présent et un point de repère quelconque. L'opération s'achève après quelques tâtonnements, souvent laborieuse, infructueuse et peut-être jamais précise. »

Tout le monde remarque combien ce mécanisme ressemble à celui par lequel nous localisons dans l'espace. Là aussi, nous avons des points de repère, des procédés abréviatifs, des distances parfaitement connues que nous employons comme unités de mesure. Mais M. Ribot aurait pu ajouter qu'il y a ici plus qu'une analogie : il y a une identité. A vrai dire, pour localiser dans le temps, nous attachons des points de repère à l'espace, et les procédés abréviatifs, si bien décrits par MM. Taine et Ribot, sont en réalité des abréviatifs d'espace, des représentations de tableaux visibles, avec des distances vaguement imaginées auxquelles on donne de la précision au moyen du *nombre*. Le moment présent est évidemment le point de départ dans toute représentation du temps. Nous ne pouvons concevoir le temps que d'un point de vue présent, duquel nous nous représentons le passé en arrière et l'avenir en avant. Mais ce point de vue est toujours quelque scène dans l'espace, quelque événement qui s'est passé dans un milieu matériel et *étendu*. Notre *représentation* même du temps, notre figuration du temps, est à forme spatiale.

L'espace que nous voyons est *devant nous;* l'espace que nous nous *représentons* simplement sans le voir est derrière nous. Nous ne pouvons même nous représenter l'espace qui est derrière notre dos qu'en imaginant que nous l'avons en face et de front. Eh bien, il en est de même du temps; nous ne pouvons nous figurer le passé que comme une perspective *derrière nous*, et le futur sortant du présent que comme une perspective *devant nous*. La primitive figuration du temps pour l'animal et l'enfant doit être une simple file d'images de plus en plus effacées. Le temps est, à l'origine, comme une quatrième dimension des choses qui occupent l'espace. Il y a des lignes, des surfaces, des distances qu'on ne franchit qu'avec du mouvement, et enfin il y a une distance d'un genre particulier qu'on ne franchit aussi qu'en traversant des intermédiaires, celle entre l'objet désiré et l'objet possédé, celle du temps. Les heures, les jours, les années, autant de casiers vides où nous distribuons à mesure toutes les sensations qui nous arrivent. Quand ces casiers sont pleins et que nous pouvons en parcourir toute la série sans rencontrer d'hiatus ils forment ce que nous appelons le temps. Auparavant, ce n'étaient que des divisions de l'espace ; maintenant l'entassement et la distribution régulière des sensations dans l'espace a créé cette apparence que nous appelons le temps.

Non seulement nous répartissons ainsi et nous étiquetons pour ainsi dire nos événements intérieurs, mais nous classons de la même manière les événements arrivés avant notre existence; bien plus, nous imposons d'avance les mêmes subdivisions au temps futur. Nous tirons du passé à l'avenir une longue ligne chargée de divisions et qui représente au fond la ligne suivie par le soleil et les astres dans leur perpétuelle évolution. Les divisions commodes de cette ligne nous permettent d'y ranger toutes choses.

Spencer dit que, dans les premiers âges et dans les pays non civilisés, on a exprimé l'espace au moyen du temps, et que, plus tard, par suite du progrès, on a exprimé le temps au moyen de l'espace. Ainsi le sauvage, comme les anciens Hébreux, connaît la position d'une place par le nombre de journées dont elle est distante. En Suisse, on répond aux touristes que tel endroit est à tant d'heures. Cette théorie est artificielle. Il est tout simple que, de bonne heure, à défaut des mesures rigoureuses de superposition pour l'espace et quand il s'agit d'apprécier des distances de *marche*, on réponde en termes de marche et de temps. Mais la journée même et les heures, marquées par les positions visibles du soleil, sont en réalité une série régulière de scènes spatiales, d'étendues visibles. De tout cela on ne saurait donc conclure que la notion du temps ait vraiment *précédé* celle de l'espace. Le temps est un artifice de mesure indirecte pour les grands espaces, mais il n'en résulte pas qu'il y ait besoin de compter

le temps pour percevoir les premières étendues visibles ou tangibles.

Au point de vue scientifique, l'unité de
mesure la plus primitive et fondamentale doit
être, évidemment, une quantité qu'on puisse
mesurer 1° directement, 2° par comparaison
avec elle-même. Or, l'étendue remplit ces
deux conditions. On la mesure en superposant
directement une étendue à une étendue et
en comparant l'étendue avec de l'étendue. On
n'a besoin ni du temps ni du mouvement
comme éléments de cette comparaison. Au
contraire, le temps et le mouvement ne peuvent se mesurer directement et par eux-
mêmes. Je ne puis pas superposer *directement*
un temps-étalon à un autre temps, puisque
le temps va toujours et ne se superpose jamais.
Je puis, il est vrai, prendre un souvenir de
temps et le comparer avec un temps réel, mais
l'étalon, ici, n'a rien de fixe et la comparaison
rien de scientifique. On est même sûr de se
tromper. En outre, si vous y regardez de plus
près, vous voyez que, même dans cet essai intérieur de mesure *grosso modo*, pour pouvoir
comparer deux durées, vous êtes obligé de vous
représenter la durée prise pour mesure ; or,
comment vous la représenterez-vous ? Ce sera,
si vous y faites attention, en termes d'espace.

Vous vous rappellerez ce que vous avez fait
pendant un certain temps dans tel milieu, et
vous comparerez ce souvenir à vos impressions présentes, pour dire : «C'est de longueur
à peu près égale ou inégale.» Réduit à une
durée sans espace, vous ne pourriez arriver à
aucune mesure. Voilà pourquoi, pour mettre
quelque chose de fixe dans ce perpétuel écou-
lement du temps, on est obligé de le représenter sous forme spatiale.

. Le sens externe qui a le plus servi, après
les sens internes, à tirer le temps de l'espace,
à lui donner une dimension à part, c'est l'ouïe,
précisément parce que l'ouïe ne localise que
très vaguement dans l'espace, tandis qu'elle localise admirablement dans la durée. Un animal
est couché immobile au milieu d'un paysage
immobile : un son se fait entendre une fois,
puis deux fois, puis trois fois : il y a là une
série en contraste avec l'immuable tableau de
l'espace : c'est comme l'incarnation du temps
dans le son. L'ouïe s'est développée en raison
de son utilité pour avertir l'animal de la proxi-
mité d'un ennemi. De là à distinguer le premier tableau extérieur sans le son, puis le
second tableau avec le son, puis le troisième tableau avec l'ennemi apparaissant, il n'y a pas
loin. Cette chose invisible et intangible, le son,

a dû tendre à se projeter dans un milieu différent de l'espace même, plus ou moins analogue au milieu intérieur de l'appétit vital,
qui n'est autre que le temps. L'ouïe, dégagée
progressivement des formes spatiales, en est
devenue une sorte de numérateur rythmique ;
elle est, par excellence, le_sens appréciateur
du temps, de la succession, du rythme et de la
mesure.

Un autre moyen de séparer le temps de
l'espace, c'est l'imagination. Nous ne faisons
pas des mouvements avec nos jambes seules,
nous en faisons avec nos représentations, en
passant de l'une à l'autre par la pensée, et
nous ne tardons pas à distinguer ces espèces
de promenades intérieures de la locomotion
extérieure. Étant donné un état de conscience
actuelle, nous enfilons une serie d'autres états
de conscience représentés et qui aboutit toujours à l'état actuel comme à son terme. Nous
allons ainsi en arrière pour revenir au point
de départ. Cette sorte d'espace idéal s'oppose
à l'espace réel, et nous permet de concevoir
un milieu où les choses *se succèdent* au lieu
d'avoir la coexistence des choses dans l'espace.

Comme l'espace nous sert à former et à
mesurer le temps, le temps nous sert aussi,
nous en avons vu des exemples, à calculer

l'étendue. Il se produit donc ici une action
et une réaction mutuelles. Un aveugle, dira
qu'une canne est longue ou courte selon qu'il
mettra plus ou moins de temps à la parcourir de la main. Si la canne, au lieu d'être immobile, se mouvait dans le sens de sa main sans
qu'il s'en aperçût au frottement, elle lui pa-
raîtrait extrêmement longue, et si elle se mouvait en sens contraire, extrêmement courte.
C'est ce qu'ont montré certaines observations
sur Laura Bridgmann. Il ne s'ensuit pourtant
pas que l'idée de *durée* proprement dite inter-
vienne ici. L'idée de nombre suffit peut-être à
expliquer le fait : un espace parcouru nous paraît plus long lorsqu'il donne lieu à des sensations plus nombreuses, moins long lorsqu'il
nous fournit un moindre nombre de sensations.
Je ne veux pas dire que nous comptions une à
à une nos sensations; nous ne comptons pas
davantage les mètres cubes de terre contenus
dans deux montagnes inégales, et cependant
nous déclarons à première vue que l'une des
deux est plus grande que l'autre et contient plus
de terre. Il peut y avoir nombre sans qu'il y
ait numération; on peut calculer en gros
sans entrer dans le détail. Les animaux ne
connaissent pas l'arithmétique, et cependant une chienne s'apercevra très bien si le

nombre de ses petits a diminué ou augmenté.
Certaines peuplades humaines sont incapables de compter au delà de deux. Les Da-
maras sont de ce genre ; cependant ils mènent
d'immenses troupeaux de bœufs, et remar-
quent fort bien quand l'une des têtes de leur
bétail vient à manquer. Pour évaluer le nombre de nos sensations, nous procédons à la
manière des animaux et des sauvages, — à vue
d'œil et par approximation. Le résultat de
cette évaluation, c'est à la fois la longueur
apparente du temps et l'étendue de l'espace
parcouru pendant ce temps.

Ce qui prouve bien que nous mesurons
le temps au nombre des sensations et nullement à leur durée véritable, c'est la façon
dont nous évaluons approximativement la
longueur d'un rêve. Là, plus de mesure artificielle du temps : le tic-tac d'une montre
ne donne plus les heures. Eh bien, dans
cette appréciation où n'entre plus d'autre
élément que la conscience, c'est uniquement au nombre des images passées devant
nos yeux que nous nous en référons pour juger
du temps écoulé, et de là les erreurs les plus
singulières. Tel rêve paraît avoir duré plusieurs heures qui n'a duré en réalité que
quelques secondes. On connaît l'exemple d'un

étudiant qui, s'affaissant tout à coup en proie à une sorte de sommeil léthargique et relevé aussitôt par ses camarades, entrevit avec netteté, dans ce court instant, les péripéties innombrables d'un long voyage en Italie. Si on eût dit à cet homme d'évaluer lui-même le temps de son sommeil, il l'eût sans aucun doute évalué à plusieurs heures ; il ne pouvait pas se figurer que cette foule de villes, de monuments, de gens, d'événements de toute sorte, avait en deux ou trois secondes passé devant ses yeux. La chose, en effet, était extraordinaire et ne pouvait se produire que dans un rêve, où les images, n'étant attachées à aucun lien fixe de l'espace, peuvent se succéder avec une rapidité sans pareille. Il n'en saurait être ainsi pendant la veille, car l'homme se meut relativement dans l'espace avec une lenteur assez grande. Quoi qu'il en soit, ce qui ressort de ces exemples, c'est que nous n'avons véritablement pas conscience de la *durée* de nos sensations et perceptions par l'application d'une forme *a priori*, mais que nous évaluons *a posteriori* cette durée d'après leur nombre et leur variété.

Sous les villes englouties par le Vésuve on trouve encore, si on fouille plus avant, les traces de villes plus anciennes, précédemment englouties et disparues. Les hommes ont dû élever l'une sur l'autre leurs constructions, que recouvrait périodiquement la cendre montante : il s'est formé comme des couches de villes ; sous les rues il y a des rues souterraines, sous les carrefours des carrefours, et la cité vivante s'appuie sur les cités endormies. La même chose s'est produite dans notre cerveau ; notre vie actuelle recouvre sans pouvoir l'effacer notre vie passée, qui lui sert de soutien et de secrète assise. Quand nous descendons en nous-mêmes, nous nous perdons au milieu de tous ces débris. Pour les restaurer, pour les reconstruire, pour les ramener enfin à la pleine lumière, c'est la classification dans l'espace qui est le moyen principal et presque unique.

La mémoire formée, le *moi* est formé. Le temps et le mouvement sont dérivés de deux facteurs essentiels : au dehors l'inconnu, et au dedans une certaine activité, une certaine énergie se déployant. Nous ne pouvons ni nous connaître nous-mêmes en notre fond, ni connaître ce quelque chose qui existe au dehors de nous et dont notre moi lui-même est en grande partie dérivé. Quelles sont les

puissances que nous renfermons en nous-
mêmes, et jusqu'où peut aller en son développement cette activité qui s'agite en nous;
et d'autre part, quel est le secret de cette
nature muette qui nous enveloppe? Voilà les
deux inconnaissables auxquels se ramènent,
croyons-nous, tous les autres, y compris le
temps.

Nous avons vu que la mémoire est le sentiment du même opposé à l'idée du différent
et du contraire, or, selon les physiologistes,
ce qui produit la sympathie, c'est de découvrir
une ressemblance, une harmonie entre nous
et autrui; nous nous retrouvons dans autrui
par la sympathie; de même nous nous retrouvons dans le passé par la mémoire[1]. La mémoire et la sympathie ont donc au fond la
même origine.

Ajoutons que la mémoire produit, elle aussi,
l'attachement aux objets qui provoquent le
mieux ce sentiment du même et nous font
mieux revivre à nos propres yeux. Des liens
secrets nous rattachent par le plus profond de
notre être à une foule de choses qui nous en-
tourent, qui semblent insignifiantes à tout

---

1. Nous remarquons la même idée éloquemment exprimée dans
la *Psychologie* de M. Rabier.

autre et qui n'ont une voix et un langage que
pour nous. Mais cet amour confus que produisent la mémoire et l'habitude n'est jamais
exempt de tristesse ; il est même une des plus
vives sources de nos peines, car son objet
varie toujours à la longue et s'associe inévitablement au souvenir de choses qui ne sont
plus, de choses perdues. La conscience est
une représentation d'objets changeants ; mais
elle ne change pas aussi vite qu'eux ; pendant
qu'un milieu nouveau se fait auquel il faut
que nous nous accommodions, nous gardons
encore dans les profondeurs de notre pensée
le pli et la forme de l'ancien milieu ; de là une
opposition au sein même de la conscience,
deux tendances qui nous portent, l'une vers le
passé auquel nous tenons encore par tant
d'attaches, l'autre vers l'avenir qui s'ouvre et
auquel déjà nous nous accommodons. Le sentiment de ce déchirement intérieur est une des
causes qui produisent la tristesse du souvenir
réfléchi, tristesse qui succède, chez l'homme,
au charme de la mémoire spontanée. Il y a
dans la méditation d'un événement passé, quel
qu'il soit, un germe de tristesse qui va s'aug-
mentant par le retour sur soi. Se rappeler,
pour l'être qui réfléchit, c'est être souvent
bien près de souffrir. L'idée de passé et d'ave-

nir n'est pas seulement la condition nécessaire
de toute souffrance morale; elle en est aussi,
à un certain point de vue, le principe. Ce qui
fait la grandeur de l'homme, — pouvoir se
retrouver dans le passé et se projeter dans
l'avenir, — peut devenir à la fin une source
perpétuelle d'amertume. L'idée du temps, à
elle seule, est le commencement du regret. Le
regret, le remords, c'est la solidarité du présent avec le passé: cette solidarité a toujours
sa tristesse pour la pensée réfléchie, parce
qu'elle est le sentiment de l'irréparable. Aussi
y a-t-il dans le simple souvenir, dans la simple
conscience du passé, une image du regret et
même du remords, et c'est ce que le poète a
exprimé avec profondeur dans ce vers :

Comme le souvenir est voisin du remords!

Le souvenir est toujours la conscience de
quelque chose à quoi nous ne pouvons rien
changer, — et cependant ce quelque chose se
trouve être attaché à nous pour toujours. Le
remords aussi est le sentiment d'une impuissance intérieure, et ce sentiment même est
déjà contenu vaguement dans le souvenir par
lequel nous évoquons une vie qui nous échappe,

un monde où nous ne pouvons plus rentrer.
La légende sacrée raconte que nos premiers
pères se prirent à pleurer lorsque, sortis du
paradis perdu, ils le virent reculer derrière
eux et disparaître : c'est là le symbole du premier remords, mais c'est aussi le symbole du
premier souvenir. Chacun de nous, si peu
qu'il ait vécu, a son passé, son paradis perdu,
rempli de joies ou de tristesses, et où il ne
pourra plus jamais revenir, ni lui ni ses des-
cendants.

S'il y a quelque amertume au fond de tout
souvenir, même de celui qui est d'abord
agréable, que sera-ce dans celui des douleurs,
surtout des douleurs morales, les seules qu'on
puisse se figurer et ressusciter entièrement?
Le souvenir douloureux s'impose parfois à
l'homme mûr avec une force qui s'augmente
de l'effort même qu'il fait pour s'en débarras-
ser. Plus on se débat pour y échapper, plus
on s'y enfonce. C'est un phénomène analogue
à celui de l'enlisement sur les grèves. Nous
nous apercevons alors que le fond même de
notre être est mouvant, que chaque pensée et
chaque sensation y produisent des remous et
des ondulations sans fin, qu'il n'y a pas de
terrain solide sur lequel nous marchions et où
nous puissions nous retenir. Le *moi* échappe

à nos prises comme une illusion, un rêve ; il se disperse, il se résout dans une multitude de sensations fuyantes, et nous le sentons avec une sorte de vertige s'engloutir dans l'abîme mouvant du temps [1].

1. Voir le second appendice.

CHAPITRE V

I

L'estimation de la durée n'étant qu'un phénomène d'optique intérieure, une perspective d'images, ne peut pas ne pas offrir un caractère d'essentielle relativité. Elle est relative, en effet : 1° à l'*intensité* des images représentées ; 2° à l'intensité des *différences* entre ces images ; 3° au *nombre* de ces images et au nombre de leurs différences ; 4° à la *vitesse* de succession de ces images ; 5° aux relations mutuelles entre ces images, entre leurs intensités, entre leurs ressemblances ou leurs différences, entre leurs durées diverses, et enfin entre leurs *positions* dans le temps ; 6° au temps nécessaire pour la conception de ces

images et de leurs rapports; 7° à l'intensité
de notre attention à ces images ou aux émotions
de plaisir et de peine qui accompagnent ces
images; 9° aux appétits, désirs ou affections,
qui accompagnent ces images; 10° au rapport
de ces images avec notre *attente*, avec notre
prévision.

On voit combien sont nombreux les rapports
de représentation, d'émotion et de volition
qui influent sur le sentiment de la durée.

Nous ne saurions donc admettre les lois trop
simples qui ont été proposées et qui, selon
nous, expriment seulement un des aspects de
la question. Ainsi Romanes, dans ses recherches sur la conscience du temps, dit que, outre
le *nombre* des états de conscience, le facteur
additionnel qui agit pour allonger ou raccourcir le temps est « le rapport des états de conscience à leur propre succession ». Dans les
expériences où il faut noter la seconde, le
temps paraît relativement long; c'est, selon
Romanes, que, dans ce cas, l'attention est
concentrée tout entière sur la production
d'une seule et unique série de changements,
telle que les battements du chronomètre; ces
changements forment donc, à ce moment, le
contenu total de la conscience; dès lors, tous
leurs rapports de succession sont imprimés

nettement dans la mémoire, qu'ils remplis-
sent. Il résulte de ce grand nombre d'impressions nettes que la série donne l'impression
d'une plus grande longueur.

Tout le monde a remarqué la déformation
des objets dans le souvenir. On les voit généralement plus grands ou plus petits, plus
agréables ou plus douloureux, plus beaux ou
plus laids, etc. D'ordinaire, le temps est la
grande estompe des choses, qui efface ou adoucit les contours. Cette déformation s'explique
par la lutte pour la vie ; parmi les traces res-
tantes, celles qui sont les plus profondes sont
les plus vivaces. Aussi le caractère qui, dans
un objet, nous a le plus frappé tend à effacer
tous les autres : l'ombre se fait autour de lui,
et lui seul apparaît dans la lumière intérieure.
Quand je revois la rue où j'ai joué dans mon
enfance, et qui me paraissait alors si large, si
longue, je la trouve toute petite, et j'en suis
étonné. C'est que, dans mon enfance, toutes
mes impressions étaient intenses, étaient
neuves et fraîches. L'impression causée par
les dimensions de la rue était donc vive. Quand
je revois plus tard la rue par le souvenir, l'intensité de mes impressions subjectives se
transporte à l'objet même et se transforme en
grandeur spatiale, précisément parce que, dans

la mémoire, tout tend à prendre la forme spatiale, même la durée.

Les exemples les plus frappants d'erreurs qu'engendre la vivacité de l'image, laquelle a pour effet de détacher l'événement de la série des points de repère dont nous avons jalonné le passé, nous sont fournis, selon James Sully, par les événements publics qui dépassent le cercle étroit de notre vie personnelle et qui ne se rattachent pas, selon le cours naturel des choses, à des points localisés d'une façon bien définie dans le temps. Ces événements peuvent nous émouvoir et nous absorber sur le moment même; mais, dans bien des cas, ils quittent l'esprit aussi vite qu'ils y sont entrés. Nous n'avons aucune occasion d'y revenir; et si par hasard on nous les rappelle ensuite, on peut être à peu près sûr qu'ils nous paraîtront trop rapprochés, dans le temps, justement parce que l'intérêt qu'ils ont excité a donné à leurs images une vivacité particulière. James Sully cite un exemple curieux d'illusion de ce genre fourni, il n'y a pas longtemps, par le cas des *détectives* dont les journaux rappelèrent le procès et la condamnation à propos de l'expiration de leur peine (trois ans de travaux forcés). « La nouvelle que trois années entières s'étaient écoulées depuis ce procès bien connu m'étonna beaucoup et produisit le même effet sur beaucoup de mes amis ; nous fûmes tous d'avis que l'événement ne nous paraissait pas éloigné de plus d'un tiers de sa distance réelle. Plus d'un journal parla alors de cette brièveté apparente du temps écoulé, et ceci montre clairement qu'il y avait à l'œuvre une certaine cause qui produisait une illusion générale. » La distance apparente d'un événement qui n'est pas nettement localisé dans le passé varie en raison inverse de la vivacité de l'image mnémonique ; toute concentration consciente de l'esprit sur un souvenir tendra donc à le rapprocher. C'est, dit James Sully, comme lorsqu'on regarde un objet éloigné à travers une lorgnette : la brume disparaît, des détails nouveaux surgissent, jusqu'à ce que nous en venions presque à nous figurer que l'objet est à notre portée.

Dans les cas où l'esprit, sous l'influence d'une disposition maladive à nourrir une passion, s'habitue à revenir sans cesse sur quelque circonstance pénible, cette illusion momentanée peut devenir périodique et conduire à une confusion partielle des expériences lointaines et des expériences toutes voisines. Une offense dont on a longtemps entretenu le sou-

venir fait à la fin l'effet de quelque chose qui
avancerait à mesure que nous avançons ; elle
se présente toujours à notre mémoire comme
un événement tout récent. Dans les états
d'aliénation mentale amenés par quelque
grande secousse, nous voyons cette tendance
à ressusciter le passé enseveli se développer
librement : « les événements éloignés, les circonstances lointaines viendront se confondre
avec les faits présents »[1].

Une autre cause d'erreur dans notre appréciation de la durée, c'est que nous sommes
portés à combiner le temps exigé par la représentation d'un événement avec le temps réel
qu'a duré l'événement. Dans les expériences
psychophysiques, si on me demande la durée de
battements courts du métromone, je la fais trop
grande. C'est que j'ajoute inconsciemment le
temps qu'il me faut pour me représenter et
apprécier le battement à la durée objective du
battement même, qui ainsi me paraît accrue.
Au contraire, si les battements sont très lents,
je tends à les faire plus courts qu'ils ne sont :
la représentation est alors plus rapide que
le battement même, et je tends à confondre la
vitesse subjective avec la vitesse objective,

---

1. James Sully, *Ibid.*

comme je tendais, tout à l'heure, à confondre
la lenteur subjective avec une lenteur objective. Le danseur à qui on veut faire suivre un
rythme trop rapide est haletant et reste en
arrière ; celui qu'on veut faire aller trop lentement demeure le pied en l'air, porté à presser
le mouvement. L'effort, plus ou moins bref
et rapide, joue donc un rôle considérable dans
notre idée du temps. C'est par l'effort et le
désir que nous avons fait connaissance avec
le temps; nous gardons l'habitude d'estimer
le temps selon nos désirs, nos efforts, notre
volonté propre. Nous altérons sa longueur par
notre impatience et notre précipitation, comme
nous altérons sa rapidité par notre lent effort
pour nous la représenter.

L'estimation de la durée dans le passé
dépend de la durée que nous paraît avoir
l'opération reproductive elle-même, l'effort
pour se souvenir des divers événements.
Ainsi, quand tous les événements se tiennent et
se ressemblent, l'effort d'attention nécessaire
au rappel des souvenirs s'*adapte* immédiatement à chacune des images successives, comme
le remarque Wundt, et la série, facilement parcourue, semble moins longue; au contraire,
si les événements sont discontinus, sans lien,
ou très divers et dissemblables, l'effort de

reproduction demande plus de temps et la
série des événements paraît elle-même plus
longue. Il en est ici comme dans le cas de deux
lignes horizontales également longues, mais
dont la seconde est hachée de traits verticaux
qui la coupent : la seconde paraît plus longue ;
c'est que l'œil en la parcourant est arrêté par
les divers traits et, le mouvement du regard
étant ainsi ralenti, la ligne acquiert un surplus
illusoire de longueur. Des phénomènes d'optique analogues se produisent pour le temps.
Mais c'est là un des éléments d'explication,
non le tout.

Dans les expériences psycho-physiques sur
l'appréciation de la durée des battements
chronométriques, on remarque que le point
où l'intervalle de temps apprécié est, en
moyenne, égal à l'intervalle de temps réel et
le reproduit fidèlement, est autour de 0,72
de seconde ; or, c'est aussi la valeur moyenne
de la durée nécessaire en général pour la
reproduction par la mémoire ou représentation. Une vitesse de 3/4 de seconde environ
est donc celle où les processus de reproduction
et d'association s'accomplissent le plus facilement. De là Wundt conclut que, quand nous
avons à nous représenter des temps objectifs
plus longs ou plus courts, nous essayons invo-

lontairement de les rendre égaux à cette vitesse normale de notre représentation, tout au
moins à les en rapprocher. C'est une des raisons qui expliquent que nous raccourcissons
les battements plus lents que trois quarts de
seconde, et que nous rallongeons les battements plus courts. Là encore, c'est une raison
de désir et de bien-être qui domine notre représentation du temps. Mais il y a un fait plus
curieux encore, que Wundt remarque. C'est
que ce même chiffre de 3/4 de seconde est
aussi celui qu'emploie la jambe pour faire un
pas dans une marche rapide. C'est donc, au
fond, ajouterons-nous, à la durée du *pas dans
l'espace* que nous mesurons le temps. Il est
probable que c'est le pas qui a été notre première mesure pour l'espace et, par cela même,
pour le temps. A l'origine, la forme la plus
générale du temps était la série d'images que
l'on a quand on fait une série de mouvements
de locomotion, une série de pas. On voit alors
les objets se déplacer à droite et à gauche, et
si on revient en arrière, on les retrouve. Les
trois dimensions de l'espace et la dimension
unique du temps s'organisent ainsi d'elles-
mêmes dans l'imagination. Aujourd'hui encore
nous rythmons sur notre pas la vitesse de notre
représentation, et, par une tendance naturelle,

nous voulons adapter le pas du temps au pas de notre pensée et au pas de nos jambes[1].

Stevens a trouvé des résultats opposés à ceux de Vierord[2], de Mach[3], de Kollert[4], d'Estel[5], de Mehner[6]. Selon Stevens, nous raccourcissons encore les temps courts et nous rallongeons encore les temps longs. Dans les expériences de Stevens le « point d'exactitude », c'est-à-dire de reproduction fidèle, est d'ailleurs le même que pour les autres expérimentateurs. Mais il faut remarquer que les conditions de l'expérimentation ne sont pas les mêmes. Vierord et ses successeurs faisaient une comparaison de deux intervalles de temps, et le processus était purement *mental*. Stevens s'attache à un intervalle de temps et fait reproduire le même intervalle. Il en résulte l'intervention d'éléments tout nouveaux et de causes perturbatrices, comme Stevens lui-même le reconnaît : exercice de la volonté, impulsion motrice, transmission le long des nerfs efférents, enfin période latente de la contrac-

---

1. Ajoutons qu'en musique un mouvement de 0,72 constitue un bon *andante* qui ne va ni trop lentement ni trop vite, mais d'une marche naturelle.
2. Der Zeitsinn, 1868.
3. Voir Wundt, Physiol. Psych. 1 Aufl. s. 785.
4. *Philosophische Studien*, Bd. 1 Heft 1, s. 88.
5. *Ibid.*, Bd. II, 1, 37.
6. *Ibid.*, Bd. II, Heft, 4, s. 546.

tion musculaire. Stevens ne propose lui-même
aucune explication des résultats qu'il a con-
signés. Peut-être, la volonté de reproduire et
le mouvement reproducteur étant les choses
les plus importantes dans ses expériences,
arrivera-t-on à ce résultat : quand l'intervalle
à reproduire est au-dessous du point d'indiffé-
rence, on a beau se le *représenter* d'abord
plus long qu'il n'est, on s'aperçoit qu'il est
rapide et on s'imprime à soi-même, dans la
reproduction motrice, une vitesse ayant pour
but de ne pas rester au-dessous du type. Cette
vitesse aboutit à raccourcir encore les intervalles déjà courts. Au contraire, quand l'intervalle de temps est au-dessus du point d'in-
différence, il paraît long malgré le raccourcissement que l'imagination en fait malgré elle,
et la volonté imprime un mouvement lent, un
mouvement contenu, par peur de trop préci-
piter. Il en résulte un ralentissement final des
intervalles déjà lents. Le musicien auquel le
métronome indique un mouvement rapide
tend à le presser encore par peur de rester
au-dessous; si le métronome lui indique un
mouvement lent, il le ralentit encore par
crainte d'aller trop vite. Telle est l'explication
que nous proposerions des divergences signa-
lées entre les expérimentateurs.

Selon Estel, nos représentations de temps, comme les autres sensations et représentations, sont influencées par les impressions passées appartenant au domaine d'un même sens. Un temps qui a été court, par exemple, dans le domaine de l'ouïe, fait paraître le suivant plus court[1].

L'influence de l'attente sur la durée apparente est bien connue. Si l'attente paraît *longue*, c'est qu'elle est une série de déceptions, de *pas encore*. Notre désir, en se joignant à la représentation de l'objet attendu, — l'arrivée de celle qu'on aime, par exemple, — tend à nous figurer le futur comme présent, et comme nous voudrions qu'il se réalisât tout de suite, nous sautons à pieds joints sur les intermédiaires, nous nous figurons la distance franchie; conséquemment, nous la voulons et nous la concevons plus courte qu'elle ne peut l'être ou ne doit l'être. De là les interminables *quand?* Par comparaison avec le temps idéal et idéalement précipité, le temps réel nous paraît se traîner d'une façon désespérante.

Quand l'attente a pris fin, les uns disent (avec Wundt) que le temps qui leur avait paru si long se raccourcit tout d'un coup par

----

1. *Philosophische Studien*, II, fascicule 1.

l'oubli de leur ennui ; les autres disent (avec James Sully) qu'ils n'oublient nullement leur ennui et que le temps de l'attente reste marqué dans leur mémoire d'un caractère de lenteur. Tout dépend, ici encore, du point de comparaison et de la présence ou de l'absence du souvenir d'ennui.

Maintenant, pourquoi le temps du bonheur, — du jeu pour l'enfant, de l'entretien amoureux pour le jeune homme, — paraît-il avoir *fui* avec une si désolante rapidité? C'est que, par l'anticipation idéale, nous nous étions promis et avions désiré un long bonheur, — un bonheur même qui ne dût point finir : par comparaison avec l'origine de notre désir et de notre attente combien la réalité paraît brève! Quoi! déjà? Nous avions projeté devant nous, par l'imagination, un chemin long à parcourir, un vrai chemin des amoureux, et quand il est parcouru, il nous paraît nécessairement trop court. Dans les jours de bonheur, nous nous arrachons à regret à chaque heure qui passe : elle laisse en nous un lumineux sillon et nous restons encore longtemps à suivre cette trace, qui pâlit sans s'éteindre, en fascinant nos yeux.

Wundt explique la plupart des erreurs relatives à la durée par les variations de l'*aper-*

6

ception, c'est-à-dire de l'*attention aux représentations*, qui est en un état de tension plus ou moins grande. Mais le degré d'attention n'est ici qu'un élément secondaire. La vraie tension est dans le désir, dans l'appétition, dans cette espèce de poussée intérieure qui va du présent, tantôt à un terme futur désiré, tantôt à un terme futur redouté. Dans le premier cas, le temps va trop lentement ; dans l'autre, il va trop vite ; c'est à notre désir que nous mesurons malgré nous sa longueur : le *temps apparent* varie donc en fonction de l'appétit ou du désir.

James Sully remarque que le raccourcissement du temps apprécié *à distance* ne se fait suivant aucune loi. On ne peut pas dire qu'il soit proportionnel à l'éloignement ; on doit même dire qu'il ne l'est pas. « Si je me représente mes dix dernières années par une ligne longue d'un mètre, la dernière année s'étend sur trois ou quatre décimètres ; la cinquième, riche en événements, s'étend sur deux décimètres ; les huit autres se resserrent sur ce qui reste. » En histoire, la même illusion a lieu. Certains siècles paraissent plus longs : « la période qui va de nos jours à la prise de Constantinople paraît plus longue que celle qui va de cet événement à la pre-

mière croisade, quoique les deux soient à peu
près égales chronologiquement. Cela vient
probablement de ce que la première période
nous est mieux connue et que nous y mêlons
nos souvenirs personnels. »

Selon nous, la longueur apparente du temps
apprécié à distance croît en raison du nombre
de *différences* tranchées et *intenses* aperçues
dans les événements remémorés. Une année
remplie d'événements marquants et divers
paraît plus longue. Une année vide et monotone paraît plus courte : les impressions se
superposent et les intervalles de temps, se
fondant l'un dans l'autre, semblent se con-
tracter. Or, c'est encore là un phénomène
analogue à ce qui se passe dans l'espace. La
distance d'un objet paraît plus grande pour
les yeux quand il y a un certain nombre d'objets intercalés qui sont autant de points de
repère. De même encore que, dans l'espace,
les objets très nets paraissent plus rapprochés,
nous avons vu que les choses très nettes dans
le temps semblent d'hier.

L'erreur dans l'appréciation du temps est
plus grande pour les périodes reculées que
pour des périodes récentes de même longueur:
ainsi l'estimation rétrospective d'une durée
fort éloignée du moment présent, par exem-

ple du temps qu'on a passé à l'école, est bien plus superficielle et bien plus fragmentaire que celle d'une période égale, mais récente. La perspective dans le temps passé correspond donc à une perspective dans l'espace où la quantité d'erreur apparente due au raccourci croîtrait avec la distance [1].

C'est d'une manière analogue que s'explique, selon nous, le fait souvent cité des années qui paraissent si longues dans la jeunesse et si courtes dans la vieillesse. La jeunesse est impatiente en ses désirs; elle voudrait dévorer le temps, et le *temps se traîne*. De plus, les impressions de la jeunesse sont vives, neuves et nombreuses; les années sont donc remplies, différenciées de mille manières, et le jeune homme revoit l'année écoulée sous la forme d'une longue série de scènes dans l'espace. Le fond du théâtre recule alors dans le lointain, derrière tous les décors changeants qui se succèdent comme des changements à vue : on sait que, dans les théâtres, une file de décors est au-dessous de la scène, prête à monter devant le spectateur. Ces décors, ce sont les tableaux de notre passé qui reparaissent; il y en a de plus effacés, de plus estompés

---

1. James Sully. *Les Illusions*, p. 179.

et brumeux, qui font un effet de lointain,
d'autres qui font un effet de coulisses. Nous
les classons selon leur degré d'intensité et
selon leur ordre d'apparition. Le machiniste,
c'est la mémoire. C'est ainsi que, pour l'enfant.
le premier janvier passé recule indéfiniment
derrière tous les événements qui l'ont suivi, et
le premier janvier futur paraît aussi fort loin,
tant l'enfant a hâte de grandir; au contraire,
la vieillesse, c'est le décor du théâtre classique toujours le même, un endroit banal ;
tantôt une véritable unité de temps, de lieu et
d'action, qui concentre tout autour d'une oc-
cupation dominante en effaçant le reste; tantôt une nullité d'action, de lieu et de temps.
Les semaines se ressemblent, les mois se ressemblent; c'est le train monotone de la vie.
Toutes ces images se superposent et n'en font
plus qu'une. L'imagination voit le temps en
raccourci. Le désir aussi le voit de même; à
mesure qu'on approche du terme de la vie,
après chaque année, on dit : encore une de
moins ! qu'ai-je eu le temps de faire? qu'ai-je
senti, vu, accompli de nouveau? Comment
peut-il s'être écoulé trois cent soixante-cinq
jours qui font l'effet de quelques mois?

Voulez-vous rallonger la perspective du
temps, remplissez-le, si vous pouvez, de mille

6.

choses nouvelles. Faites un voyage qui vous passionne, qui vous fasse redevenir jeune en rajeunissant le monde autour de vous. Les événements accumulés, les espaces parcourus s'ajouteront, bout à bout, dans votre imagination rétrospective : vous aurez des fragments du monde visible en grand nombre et disposés en série, et ce sera, comme on dit avec tant de justesse, un long *espace* de temps.

Selon M. Janet, la durée apparente d'une certaine portion de temps, dans la vie de chaque homme, serait « proportionnelle à la durée totale de cette vie[1] ». Une année, dit-il, pour un enfant de dix ans, représente le dixième de son existence; pour un homme de cinquante ans, cette même année ne sera plus qu'un cinquantième; elle paraîtra ainsi cinq fois plus courte. D'autre part, pour l'enfant, l'âge de cinquante ans paraît prodigieusement avancé, mais non pour le cinquantenaire. Cette loi ne s'appliquerait d'ailleurs qu'aux périodes assez longues, comme les années, non aux jours ou aux mois, que nous ne songeons point à comparer avec toute une vie. La loi de M. Janet nous semble exprimer une tendance réelle de l'imagination, qui consiste à juger les gran-

---

1. *Revue philosophique*, 1877, I, 497.

deurs relativement à ce qu'elle peut se représenter de plus grand ou de plus petit : pour celui qui n'a point parcouru beaucoup de pays, le village paraît grand ; pour qui a vu Paris, la ville de province semble petite. Mais la loi proposée par M. Janet est beaucoup trop mathématique et trop simple pour expliquer, à elle seule, le raccourcissement apparent des années aux yeux du vieillard. La fusion des impressions semblables et des périodes similaires qui se recouvrent l'une l'autre nous paraît jouer ici un bien plus grand rôle.

M. Janet donne encore pour exemple de notre appréciation de la durée par comparaison de la partie au tout que, dans un voyage en chemin de fer, si vous n'allez que de Paris à Orléans, vous serez déjà fatigué à Choisy ; si vous allez de Paris à Bordeaux, vous n'éprouverez le même sentiment de fatigue et d'ennui qu'à Orléans. Selon nous, ce fait s'explique par la différence entre les *attentes*. Quand vous allez de Paris à Bordeaux, vous vous attendez à un long trajet, vous vous résignez d'avance et vous n'éprouvez la révolte de l'ennui que plus tard. Si vous vous embarquez pour Orléans, vous dites d'avance : ce n'est pas très long, je serai bientôt arrivé ; et

à Choisy, vous vous écriez : c'est plus long que
je ne croyais. Ce serait donc, ici encore, l'élément d'attention, d'attente et d'appétition qui
serait la chose importante.

Nous nous représentons et estimons objectivement une durée par la série des états
de conscience représentables et effectivement
représentés que nous plaçons dans cette durée.
En d'autres termes, nous jugeons la longueur
du temps écoulé par la série de *souvenirs* que
nous y intercalons. Ce dont nous ne nous sou-
venons pas ne peut naturellement entrer dans
la série. Il en résulte cette conséquence que,
plus nous aurons des souvenirs nombreux,
intenses et distincts à intercaler entre deux
extrêmes, plus l'intervalle nous paraîtra grand.
Or, l'enfant a beaucoup de représentations
nombreuses et distinctes à loger dans une
année. Au contraire, pour l'homme mûr, les
souvenirs se fondent et se recouvrent, et il ne
reste que quelques points saillants. C'est là la
principale explication du raccourcissement
apparent des années. Inversement, si un songe
d'une nuit paraît durer un siècle, c'est qu'il
y a eu une succession très rapide d'images
vives et distinctes : la série en se remplissant
paraît s'allonger.

Maintenant, quelles sont les représentations

les plus facilement représentables à la mémoire, conséquemment les plus faciles à loger
dans la perspective du temps ? Ce sont, outre
les grandes émotions, les représentations spatiales. Nos plaisirs et nos peines physiques
ne se représentent que vaguement et en gros
à la mémoire, nos peines et plaisirs moraux
empruntent leur netteté aux idées, qui elles-
mêmes empruntent leur précision aux lieux,
au milieu visible. De là vient que, comme
on l'a vu, pour imaginer le temps, nous imaginons surtout des espaces, et nous apprécions
la longueur des temps par la quantité d'espaces ou de scènes spatiales que nous intercalons entre les deux limites.

James Sully compare donc avec raison certaines illusions sur la distance dans le temps
à des illusions parallèles sur la distance dans
l'espace. Regardez la Jungfrau de la Wenger-
nalp : il semble que vous allez, en lançant une
pierre, franchir la vallée profonde et atteindre
le glacier éblouissant de blancheur. C'est que
rien ne s'interpose, dans la transparence de
l'air, entre vous et cette vision si nette : les
points de repère vous manquent, et vous dites :
c'est tout près. De même, s'il est des événements frappants qui nous semblent d'hier,
c'est que nous ne pouvons parcourir tous les

intermédiaires : ils se détachent devant nous
tout comme la montagne, et tout le reste a
disparu. Si on vous rappelle alors le nombre
d'années qui se sont écoulées, vous dites :
est-ce possible ? Au fond, ce que vous revoyez
encore ici, par les yeux de l'imagination,
c'est un certain coin de l'espace où quelque
chose s'est passé, quelque chose d'heureux
peut-être pour vous, et de regretté ; — tous
les autres espaces parcourus disparaissent
alors : vous voyez votre bonheur passé se
dresser devant vous comme un sommet dans
la pleine lumière; il semble tout près dans
le temps, parce que votre imagination le
voit tout près dans l'espace où elle situe les
choses.

Ainsi la mesure du temps, comme le temps
lui-même, est un effet de perspective, et
même, en grande partie, de perspective spatiale représentée à l'imagination. Selon le
centre de perspective et selon la mesure dont
on se sert, la perspective s'allonge ou se raccourcit : c'est simplement un effet d'*optique*
imaginative. Pour mettre de la fixité dans ces
visions de tableaux, nous sommes obligés
d'emprunter à l'espace extérieur de quoi con-
trôler l'espace intérieur : nous faisons appel
au retour du jour et de la nuit, à celui des

saisons, ou, artificiellement, aux battements isochrones du pendule.

La poésie du temps, avec ses illusions, vient d'abord de ce que nous *idéalisons* les choses passées. Un *idéal* est une forme qui ne conserve que ce qu'il y a de caractéristique et de typique, avec élimination des détails défavorables et augmentation d'intensité pour les détails favorables; or le temps, par lui-même et par lui seul, est un artiste qui idéalise les choses. En effet, nous ne nous rappelons des choses passées que les traits saillants et caractéristiques; les menus détails, qui se font opposition les uns aux autres, disparaissant par cela même, il ne surgit que ce qui eut de la force, de l'intensité, de l'intérêt. C'est l'équivalent de la vision dans l'espace pour les effets de lointain. Les représentations vives et grandes subsistent seules. Si l'œil apercevait à la fois tous les petits détails d'un paysage il n'y aurait plus de vrai paysage, mais un pêle-mêle de sensations toutes sur le même plan. L'œil est un peintre, et un peintre habile. De même pour l'œil intérieur, qui voit les choses à distance dans le temps.

En outre, cet effet d'idéalisation s'accumule et s'accroît avec le temps même, comme par une vitesse acquise dans un certain sens. Nous tendons à embellir ce qui nous a plu, à enlaidir ce qui nous a déplu, et cette tendance, ajoutant sans cesse ses effets à eux-mêmes, finit par atteindre un point maximum de beauté ou de laideur, qui est l'adaptation du souvenir à notre disposition personnelle. Le tableau est fait, le paysage est terminé. Maintenant il sera « acquis à l'histoire » que les choses se sont passées de telle manière, ou superbe ou affreuse, que telle personne avait une beauté admirable, que telle autre avait une laideur non moins prodigieuse, etc.

Nous avons montré ailleurs [1] que le temps devient une classification spontanée des choses selon leur rapport à nous, et que cette classification est nécessairement esthétique. Le temps est donc un jugement porté sur la force et sur la valeur esthétique des choses et des événements.

1. *L'art au point de vue sociologique.* — Voir plus loin le premier appendice.

II

Dans la folie, les faits passés peuvent être ou bien effacés complètement de la mémoire (ce qui est rare), ou bien reportés à une très grande distance dans le temps; c'est le cas le plus fréquent. Ils sont alors devenus si vagues et si étrangers à l'individu que c'est à peine s'il peut les reconnaître pour des faits qui lui sont arrivés à lui-même. La folie supprime donc ou altère la perspective du temps.

Parmi les illusions pathologiques relatives au temps, une des plus curieuses est la « fausse mémoire », qui consiste à croire qu'un état présent, nouveau en réalité, a été antérieurement éprouvé quoiqu'il se produise réellement pour la première fois; il paraît

alors être une répétition, un *passé*. Wigan,
dans son livre sur la « Dualité de l'esprit »,
rapporte que, « pendant qu'il assistait au
service funèbre de la princesse Charlotte,
dans la chapelle de Windsor, il eut tout d'un
coup le sentiment d'avoir été autrefois témoin
du même spectacle » ? Lewes rapproche ce
phénomène de quelques autres plus fréquents.
En pays étranger, le détour brusque d'un
sentier ou d'une rivière peut nous mettre en
face de quelque paysage qu'il nous semble
avoir autrefois contemplé. « Introduit pour la
première fois auprès d'une personne, on *sent*
qu'on l'a déjà vue. En lisant dans un livre
des pensées nouvelles, on sent qu'elles ont
été présentes à l'esprit antérieurement[1]. »

Selon M. Ribot, cette illusion s'explique
assez facilement. L'impression reçue évoque dans notre passé des impressions analogues, vagues, confuses, à peine entrevues,
mais qui suffisent à faire croire que l'état nouveau en est la répétition. Il y a un fond de
ressemblance rapidement senti entre deux
états de conscience, qui pousse à les identifier.
C'est une erreur ; mais elle n'est que partielle,
parce qu'il y a en effet dans notre passé quel-

---

1. Lewes, *Problems of life and mind*, 3ᵉ série, 129.

que chose qui ressemble à une première expérience.

Si cette explication peut suffire pour des cas très simples, en voici d'autres où M. Ribot reconnaît qu'elle n'est guère admissible. Un malade, dit Sander, apprenant la mort d'une personne qu'il connaissait, fut saisi d'une terreur indéfinissable, parce qu'il lui sembla qu'il avait déjà ressenti cette impression. « Je sentais que déjà auparavant, étant couché ici, dans ce même lit, X. était venu et m'avait dit : « Müller est mort ». Je répondis : « Ce Müller est mort il y a quelque temps, il n'a pu mourir deux fois ». Le Dr Arnold Pick rapporte un cas de fausse mémoire complet présenté sous une forme presque chronique. Un homme instruit, raisonnant assez bien sur sa maladie, et qui en a donné une description écrite, fut pris, vers l'âge de trente-deux ans, d'un état mental particulier. S'il assistait à une fête, s'il visitait quelque endroit, s'il faisait quelque rencontre, cet événement, avec toutes ses circonstances, lui paraissait si familier qu'il se sentait sûr d'avoir déjà éprouvé les mêmes impressions, étant entouré précisément des mêmes personnes ou des mêmes objets, avec le même ciel, le même temps, etc. Faisait-il quelque nouveau travail, il lui sem-

blait l'avoir déjà fait et dans les mêmes conditions. Ce sentiment se produisait parfois le
jour même, au bout de quelques minutes ou
de quelques heures, parfois le jour suivant,
mais avec une parfaite clarté. La difficulté,
dit M. Ribot, est de savoir pourquoi cette
image qui naît une minute, une heure, un
jour après l'état réel, donne à celui-ci le caractère d'une répétition. Il y a bien, en effet,
une inversion du temps. M. Ribot propose
l'explication suivante : l'image ainsi formée
est très intense, de *nature hallucinatoire;*
elle s'impose comme une réalité, parce que
rien ne rectifie cette illusion. Par suite,
l'impression réelle se trouve rejetée au second
plan, avec le caractère effacé des souvenirs;
elle est localisée dans le passé, à tort, si l'on
considère les faits objectivement; avec raison,
si on les considère subjectivement. Cet état
hallucinatoire, en effet, quoique très vif, n'efface pas l'impression réelle; mais comme il
s'en détache, comme il a été produit par elle
après coup, il doit apparaître comme une
seconde expérience. Il prend la place de l'impression réelle, il paraît le plus récent, et il
l'est en fait. Pour nous qui jugeons du dehors et d'après ce qui s'est passé extérieure-
ment, il est faux que l'impression ait été reçue

deux fois. Pour le malade, qui juge d'après les données de sa conscience, il est vrai que l'impression a été reçue deux fois, et, dans ces limites, son affirmation est incontestable. En d'autres termes, selon M. Ribot, le mécanisme de la mémoire « fonctionne à rebours » : on prend l'image vive du souvenir pour la sensation réelle, et la sensation réelle, déjà affaiblie, pour un souvenir. Nous croyons plutôt, avec M. Fouillée [1], qu'il y a là « un phénomène maladif d'écho et de répétition intérieure », analogue à celui qui a lieu dans le souvenir véritable : « Toutes les sensations nouvelles se trouvent avoir un retentissement et sont ainsi associées à des images consécutives qui les répètent ; par une sorte de mirage, ces représentations consécutives sont projetées dans le passé. C'est une diplopie dans le temps. Quand on voit double dans l'espace, c'est que les deux images ne se superposent pas ; de même, quand on voit double dans le temps, c'est qu'il y a dans les centres cérébraux un manque de synergie et de simultanéité, grâce auquel les ondulations similaires ne se fondent pas entièrement ; il en résulte dans la conscience une image double ; l'une

---

1. *Études sur la mémoire* publiées par la *Revue des deux mondes*.

vive, l'autre ayant l'affaiblissement du souvenir; le stéréoscope intérieur se trouvant dérangé, les deux images ne se confondent plus, de manière à ne former qu'un objet. Au reste, toute explication complète est impossible dans l'état actuel de la science, mais ces cas maladifs nous font comprendre que l'apparence du familier et du connu tient à un certain *sentiment* aussi indéfinissable que l'impression du bleu ou du rouge, et qu'on peut considérer comme un sentiment de répétition ou de duplication. » M. James Sully dit qu'il possède lui-même le pouvoir, quand il considère un objet nouveau, de se le représenter comme familier. C'est sans doute qu'il y a dans son esprit répétition, résurrection vague d'objets *semblables* à celui qui est actuellement perçu. Ce mécanisme même explique, selon M. Fouillée, pourquoi on peut se souvenir sans reconnaître qu'on se souvient et en éprouvant le sentiment de la nouveauté; « c'est qu'alors la duplicité normale des images est abolie et on n'en voit qu'une quand il en faudrait voir deux. C'est l'inverse des cas de fausse mémoire, où l'unité normale des images est abolie au profit d'une duplicité anormale. Parfois enfin le sentiment de familiarité et de reconnaissance produit par une impres-

sion nouvelle vient de ce que nous avons *rêvé*
des choses analogues [1]. »

Dernier problème. Notre représentation du
temps demeure-t-elle *discrète*, ou devient-elle
tout à fait *continue?* — Kant nous gratifie du
premier coup de la notion du temps continu
et même infini, qu'il appelle une « quantité
infinie donnée ». C'est trop de générosité.
L'esprit, dans sa représentation du temps
comme dans toutes les autres et notamment
dans celle de l'espace, va d'abord par bonds,
sautant à cloche-pied sur les intermédiaires,
qu'il n'aperçoit pas. Ce sont des fragments
de temps comme des fragments d'espace, avec
des interruptions apparentes, des lacunes.
C'est seulement à la fin, par la répétition des
expériences, que ces lacunes vont diminuant
et parviennent à un point d'*évanouissement*,
conséquemment de fusion entre les divers
morceaux de durée perçue. On a comparé
ce phénomène à ce qui se passe dans la roue
de Savart, lorsque les battements d'abord
séparés finissent par se rejoindre avec la
vitesse croissante de la roue et donnent ainsi

1. *Ibid.*

l'impression d'un son continu. De même encore que, dans l'espace, nous finissons par
prolonger la vision idéale sur ce que nous ne
voyons pas, en vertu d'une sorte de conserva-
tion de vitesse acquise, de même nous comblons idéalement les lacunes du temps et nous
finissons par le concevoir avec sa continuité
mathématique.

CONCLUSION

De tout ce qui précède nous conclurons que le temps n'est pas une condition, mais un simple effet de la conscience ; il ne la constitue pas, il en provient. Ce n'est pas une forme *a priori* que nous imposerions aux phénomènes, c'est un ensemble de rapports que l'expérience établit entre eux. Ce n'est pas un moule tout fait dans lequel rentreraient nos sensations et nos désirs, c'est un *lit* qu'ils se tracent à eux-mêmes, et un *cours* qu'ils prennent spontanément dans ce lit.

Le temps n'est autre chose pour nous qu'une certaine disposition régulière, une organisation d'images. La mémoire n'est que l'art d'évoquer et d'organiser ces images.

7.

Point de temps hors des désirs et des souvenirs, c'est-à-dire de certaines images qui, se juxtaposant comme se juxtaposent les objets qui les ont produites, engendrent tout à la fois l'apparence du temps et de l'espace.

Le temps, à l'origine, n'existe pas plus dans notre conscience même que dans un sablier. Nos sensations et nos pensées ressemblent aux grains de sable qui s'échappent par l'étroite ouverture. Comme ces grains de sable, elles s'excluent et se repoussent l'une l'autre en leur diversité, au lieu de se fondre absolument l'une dans l'autre; ce filet qui tombe peu à peu, c'est le temps.

Maintenant, au dehors de la conscience, y a-t-il une réalité correspondant à l'idée que nous nous faisons de la durée? Y a-t-il, pour ainsi dire, un temps objectif? On a fait souvent du temps une sorte de réalité mystérieuse, destinée à remplacer la conception vieillie de la providence. On lui a donné presque la toute-puissance, on l'a déclaré le facteur essentiel de l'évolution et du progrès. Mais le temps ne constitue ni un *facteur*, ni un *milieu* pouvant à lui seul modifier l'action et ses effets. Si je cueille une pomme dans un arbre, puis plus tard une pomme absolument semblable, occupant exactement la même position dans le même arbre; si, de plus, je suis dans le même courant d'idées et de sensations et que je ne me rappelle pas mon action antécédente, les deux actes seront absolument identiques, produiront les mêmes effets et se fondront dans le même tout. Ainsi, le temps ne suffit pas à lui seul à introduire de différence réelle entre les choses.

Selon nous, le temps n'est qu'une des formes de l'évolution; au lieu de la produire, il en sort. Le temps, en effet, est une conséquence du passage de l'homogène à l'hétérogène; c'est une différenciation introduite dans les choses; c'est la reproduction d'effets analogues dans un milieu différent ou d'effets différents dans un milieu analogue.

Au lieu de dire que le temps est le facteur essentiel du changement et conséquemment du progrès, il serait plus vrai de dire que le temps *a pour facteur* et élément fondamental le progrès même, l'évolution : le temps est la formule abstraite des changements de l'univers. Dans la masse absolument homogène que, par une fiction logique, on a supposée quelquefois à l'origine des choses, le temps n'existe pas encore. Imaginez un rocher battu par la mer : le temps existe pour lui, car les siècles l'entament et le rongent; maintenant, supposez que la vague qui le frappe s'arrête tout à coup sans revenir en arrière et sans être remplacée par une vague nouvelle; supposez que chaque particule de la pierre reste à jamais la même en présence de la même goutte d'eau immobile; le temps cessera d'exister pour le rocher et la mer; ils seront transportés dans l'éternité. Mais l'éternité semble une notion contradictoire avec celles de la vie et de la conscience telles que nous les connaissons. Vie et conscience supposent variété, et la variété engendre la durée. L'éternité, pour nous, c'est ou le néant ou le chaos; avec l'introduction de l'*ordre* dans les sensations et les pensées commence le temps.

APPENDICES

PREMIER APPENDICE

LA POÉSIE DU TEMPS [1]

En ce qui concerne l'effet poétique produit par l'éloignement dans le temps, une question préalable se présente, celle qui concerne l'effet esthétique du souvenir même, — du souvenir qui est en somme une forme de la sympathie, la sympathie avec soi-même, la sympathie du moi présent pour le moi passé. L'art doit imiter le souvenir ; son but doit être d'exercer comme lui l'imagination et la sensibilité, en économisant le plus possible leurs forces. De même que le souvenir est un prolongement de la sensation, l'imagination en est un commencement, une ébauche. Au fond, la poésie de l'art se ramène en partie à ce qu'on appelle la «poésie du souvenir»; l'imagination artistique ne fait que travailler sur le fonds d'images fourni à chacun de nous par la mémoire. Il doit donc y avoir, jusque dans le souvenir, quelque élément d'art. Au fond, le souvenir offre par lui seul les caractères qui distinguent, selon Spencer, toute émotion esthétique. C'est un jeu de l'imagination, et un jeu désintéressé, précisément parce qu'il a pour objet le.

1. Nous extrayons ces pages du volume sur l'*Art au point de vue sociologique*, pour compléter l'étude sur l'idée du temps qu'on vient de lire.

passé, c'est-à-dire ce qui ne peut plus être. En outre, le souvenir est de toutes les représentations la plus facile, celle qui économise le plus de force ; le grand art du poète ou du romancier, c'est de réveiller en nous des souvenirs : nous ne sentons guère le beau que quand il nous rappelle quelque chose ; et le beau même des œuvres d'art ne consiste-t-il pas en partie dans la vivacité plus ou moins grande de ce rappel ? Ajoutons que les émotions passées se présentent à nous dans une sorte de lointain, un peu indistinctes, fondues les unes avec les autres ; elles sont ainsi plus faibles et plus fortes tout ensemble, parce qu'elles entrent l'une dans l'autre sans qu'on puisse les séparer ; nous jouissons donc à leur égard d'une plus grande liberté, parce que, indistinctes comme elles sont, nous pouvons plus facilement les modifier, les retoucher, jouer avec elles. Enfin, et c'est là le point important, le souvenir par lui-même altère les objets, les transforme, et cette transformation s'accomplit généralement dans un sens esthétique. Le temps agit le plus souvent sur les choses à la manière d'un artiste qui embellit tout en paraissant rester fidèle, par une sorte de magie propre. Voici comment on peut expliquer scientifiquement ce travail du souvenir. Il se produit dans notre pensée une sorte de lutte pour la vie entre toutes nos impressions ; celles qui ne nous ont pas frappés assez fortement s'effacent, et il ne subsiste à la longue que les impressions fortes. Dans un paysage, par exemple un petit bois au bord d'une rivière, nous oublierons tout ce qui était accessoire, tout ce que nous avons vu sans le remarquer, tout ce qui n'était pas distinctif et caractéristique, *significatif* ou *suggestif*. Nous oublierons même la fa-

tigue que nous pouvions éprouver, si elle était légère,
les petites préoccupations de toute sorte, les mille
riens qui distrayaient notre attention; tout cela sera
emporté, effacé. Il ne restera que ce qui était profond, ce qui avait laissé en nous une trace vive et
vivace : la fraîcheur de l'air, la mollesse de l'herbe,
les teintes des feuillages, les sinuosités de la
rivière, etc. Autour de ces traits saillants, l'ombre se
fera, et ils apparaîtront seuls dans la lumière intérieure. En d'autres termes, toute la force dispersée
en des impressions secondaires et fugitives se trou-
vera recueillie, concentrée ; le résultat sera une image
plus pure, vers laquelle nous pourrons, pour ainsi
dire, nous tourner tout entiers, et qui revêtira ainsi
un caractère plus esthétique. En général, toute perception indifférente, tout détail inutile nuit à l'émotion esthétique; en supprimant ce qui est indiffé-
rent, le souvenir permet donc à l'émotion de grandir.
C'est, dans une certaine mesure, embellir qu'isoler.
De plus, le souvenir tend à laisser échapper ce qui
était pénible pour ne garder que ce qui était agréable
ou, au contraire, franchement douloureux. C'est un
fait connu que le temps adoucit les grandes souffrances; mais ce qu'il fait surtout disparaître, ce sont
les petites souffrances sourdes, les malaises légers,
ce qui entravait la vie sans l'arrêter, toutes les petites
broussailles du chemin. On laisse cela derrière soi,
et pourtant ces riens se mêlaient à vos plus douces
émotions; c'était quelque chose d'amer qui, au lieu
de rester au fond de la coupe, s'évapore au contraire
dès qu'elle est bue. Lorsqu'on s'est ennuyé longtemps
à attendre une personne, qu'on la rencontre enfin et
qu'elle vous sourit, on oublie d'un seul coup la

longue heure passée dans la monotonie de l'attente ;
cette heure ne semble plus former dans le passé
qu'un point sombre, bientôt effacé lui-même : c'est là
un simple exemple de ce qui se passe sans cesse dans
la vie. Tout ce qui était gris, terne, décoloré (c'est-
à-dire en somme la majeure partie de l'existence) se
dissipe, tel qu'un brouillard qui nous cachait les
côtés lumineux des choses, et nous voyons surgir
seuls les rares instants qui font que la vie vaut la
peine d'être vécue. Ces plaisirs, avec les douleurs qui
les compensent, semblent remplir tout le passé, tandis qu'en réalité la trame de notre vie a été bien
plutôt indifférente et neutre, ni très agréable, ni très
douloureuse, sans grande valeur esthétique.

Nous sommes en février, et les champs à perte de
vue sont couverts de neige. Je suis sorti ce soir dans
le parc, au soleil couchant ; je marchais dans la neige
douce : au-dessus de moi, à droite, à gauche, tous
les buissons, toutes les branches des arbres étince-
laient de neige, et cette blancheur virginale qui recouvrait tout, prenait une teinte rose aux derniers
rayons du soleil : c'étaient des scintillements sans
fin, une lumière d'une pureté incomparable ; les au-
bépines semblaient en pleines fleurs, et les pommiers
fleurissaient, et les amandiers fleurissaient, et jusqu'aux pêchers qui semblaient roses, et jusqu'aux
brins d'herbe : un printemps un peu plus pâle, et
sans verdure, resplendissait sur tout. Seulement,
comme tout cela était refroidi ! Une brise glacée
s'exhalait de cet immense champ de fleurs, et ces
corolles blanches gelaient le bout des doigts qui les
approchaient. En voyant ces fleurs si fraîches et si
mortes, je pensais à ces douces souvenances qui

dorment en nous, et parmi lesquelles nous nous
égarons quelquefois, essayant de retrouver en elles
le printemps et la jeunesse. Notre passé est une neige
qui tombe et cristallise lentement en nous, ouvrant
à nos yeux des perspectives sans fin et délicieuses,
des effets de lumière et de mirage, des séductions
qui ne sont que de nouvelles illusions. Nos passions
passées ne sont plus qu'un spectacle : notre vie nous
fait à nous-mêmes l'effet de l'art d'un tableau, d'une
œuvre demi-inanimée, demi-vivante. Les seules émotions qui vivent encore sous cette neige, ou qui sont
prêtes à revivre, ce sont celles qui ont été profondes
et grandes. Le souvenir est ainsi comme un jugement
porté sur nos émotions; c'est lui qui permet le mieux
d'apprécier leur force comparative : les plus faibles
se condamnent elles-mêmes, en s'oubliant. C'est après
un certain temps écoulé qu'on juge bien la valeur de
telle impression esthétique (causée, je suppose, par
la lecture d'un roman, la contemplation d'une œuvre
d'art ou d'un beau paysage); tout ce qui n'était pas
puissant s'efface; toute sensation ou tout sentiment
qui, outre l'intensité, ne présentait pas un degré
suffisant d'organisation intérieure et d'harmonie se
trouble et se dissout; au contraire, ce qui était viable,
vit; ce qui était beau ou sublime s'impose et s'imprime en nous avec une force croissante.

Le souvenir est une classification spontanée, et une
localisation régulière des choses ou des événements,
ce qui lui donne encore une valeur esthétique. L'art
naît avec la réflexion; comme la Psyché de la fable,
la réflexion est chargée de débrouiller ce tas de souvenirs; elle y procède avec la patience des fourmis;
elle range tous ces grains de sable en un certain

ordre, leur donne une certaine forme, elle en fait
un édifice : la forme extérieure que prend cet édifice,
la disposition générale qu'il affecte, c'est ce que nous
appelons le temps. Pour constater le changement et
le mouvement, il faut avoir un point fixe. La goutte
d'eau ne se sent pas couler, quoiqu'elle reflète successivement tous les objets de ses rives : c'est qu'elle
ne garde l'image d'aucune. Qui donc nous donnera
ces points fixes nécessaires pour fournir la conscience
du changement et la notion du temps? c'est le souvenir, — c'est-à-dire tout simplement la persistance
d'une *même* sensation ou d'un même sentiment sous
les autres. D'habitude, les diverses époques de notre
vie se trouvent dominées par tel ou tel sentiment qui
leur communique leur caractère distinctif et saillant.
Nos événements intérieurs se groupent autour d'impressions et d'idées maîtresses : ils leur empruntent
leur unité; grâce à elles, ils forment corps. Titus,
dit-on, comptait ses jours par ses bonnes actions;
mais les bonnes actions de Titus sont un peu problé-
matiques. Ce qui est certain, c'est que, pour l'écrivain par exemple, telle ou telle époque de sa vie vient
se suspendre tout entière à tel ou tel ouvrage qu'il
composait pendant cette époque. Le musicien, lui,
n'a qu'à se chanter intérieurement une série de mélodies pour éveiller les souvenirs de telle période de
son existence. Le peintre voit son passé à travers des
couleurs et des formes, des couchers de soleil, des
aurores, des teintes de verdure. Toute notre jeunesse
vient souvent se grouper autour d'une image de
femme, sans cesse présente à nos événements d'alors.
Chaque objet désiré ou voulu fortement, chaque
action énergique ou persistante attire à elle, comme

un aimant, nos autres actions, qui s'y rattachent toutes par un côté ou par l'autre. Ainsi, s'établissent des centres intérieurs de perspective esthétique. Les Indiens, pour se rappeler les grands événements faisaient des nœuds à une corde, et ces nœuds disposés de mille manières rappelaient par association un passé lointain; en nous aussi se trouvent des points où tout vient se rattacher et se nouer, de telle sorte qu'il nous suffit de suivre des yeux ces séries de nœuds intérieurs pour retrouver et revoir l'une après l'autre toutes les époques de notre vie. La vie du souvenir est une composition ou systématisation spontanée, un art naturel.

Nous pouvons conclure de tout ce qui précède que le fond le plus solide sur lequel travaille l'artiste, c'est le souvenir : le souvenir de ce qu'il a ressenti ou vu comme homme, avant d'être artiste de profession. La sensation et le sentiment peuvent un jour être altérés par le métier, mais le souvenir des émotions de jeunesse ne l'est pas, garde toute sa fraîcheur, et c'est avec ces matériaux non corruptibles que l'artiste construit ses meilleures œuvres, ses œuvres vécues. Eugénie de Guérin écrit, en feuilletant des papiers « pleins de son frère » : « Ces choses mortes me font, je crois, plus d'impression que de leur vivant, et le *ressentir* est plus fort que le sentir. » Diderot a écrit quelque part : « *Pour que l'artiste me fasse pleurer, il faut qu'il ne pleure pas!* » mais, a-t-on répondu avec raison, il faut *qu'il ait pleuré* : il faut que son accent garde l'écho des sentiments éprouvés et disparus. Et il en est de même pour l'écrivain[1].

---

1. Le plaisir attaché à ce qui est historique a été poétiquement exprimé par Th. Gautier, dans le *Roman de la momie :* un Anglais, lord Evandale, un savant allemand et leur escorte, après avoir parcouru les divers couloirs et les

L'école classique a bien connu l'effet esthétique de
l'éloignement dans le temps; mais son procédé ne
consiste encore qu'à reporter les événements dans
un passé *abstrait*. Les Grecs de Racine ne sont guère
Grecs que par la date à laquelle on les place, et qui
reste trop souvent une simple étiquette, un simple
chiffre, sans nous faire voir la Grèce d'alors. L'école
historique, au contraire, reporte les événements sur
le passé concret. Elle fait du réalisme, mais elle
l'idéalise par le simple recul et par l'effet du lointain,
Spencer constate, sans en donner d'explication, que
tout objet d'abord utile aux hommes qui a maintenant cessé de l'être paraît beau. Il y a de ce fait, selon
nous, diverses raisons. En premier lieu, tout ce qui
a servi à l'homme intéresse l'homme par cela même.
Voici une armure, une poterie, ils ont servi à nos
pères, ils nous intéressent donc, mais ils ne servent
plus; par là ils perdent aussitôt ce caractère de trivialité qu'entraîne nécessairement avec elle l'utilité
journalière, ils n'excitent plus qu'une sympathie dé-

diverses salles, arrivent sur le seuil de la dernière, la « Salle dorée », celle qui
contient le sarcophage.

« Sur la fine poudre grise qui sablait le sol, se dessinait très nettement, avec
l'empreinte de l'orteil, des quatre doigts et du calcanéum, la forme d'un pied
humain ; le pied du dernier prêtre ou du dernier ami qui s'était retiré quinze
cents ans avant Jésus-Christ, après avoir rendu au mort les honneurs suprêmes.
La poussière, aussi éternelle en Égypte que le granit, avait moulé ce pas et le
gardait depuis plus de trente siècles, comme les boues diluviennes durcies gar-
dent la trace des pieds d'animaux qui la pétrirent.

— Voyez cette empreinte humaine dont la pointe se dirige vers la sortie de
l'hypogée... Cette trace légère, qu'un souffle eût balayée, a duré plus longtemps
que des civilisations, que des empires, que les religions mêmes et que des monuments qu'on croyait éternels.

« Il lui sembla, d'après l'expression de Shakespeare, que « la roue du temps
était sortie de son ornière » : la notion de la vie moderne s'effaça chez lui... Une
main invisible avait retourné le sablier de l'éternité, et les siècles, tombés grain
à grain comme des heures dans la solitude et la nuit, recommençaient leur
chute... » (PP. 35, 36, 37.)

sintéressée. L'histoire a pour caractéristique de grandir et de pétiter toute chose. Par l'histoire il se fait une épuration ne laissant subsister que les caractères esthétiques et grandioses; les objets les plus infimes se trouvent dépouillés de ce qu'il y a de trivial, de commun, de vulgaire, de grossier et de surajouté par l'usage journalier : il ne reste en notre esprit, des objets replacés ainsi dans le temps passé, qu'une image simple, l'expression du sentiment primitif qui les a faits; et ce qui est simple et profond n'a rien de vil. Une pique du temps des Gaulois ne nous rappelle que la grande idée qui a fait l'arme, quelle qu'elle soit : l'idée de défense et de force; la pique, c'est le Gaulois défendant ses foyers et la vieille terre gauloise. Une arquebuse du temps des croisades n'éveille en nous que les images fantastiques du lointain des temps, des vieilles luttes entre les races du nord et du midi. Mais un fusil Gras, un sabre, c'est pour nous le pantalon rouge et trop large du soldat qui passe dans la rue, avec sa figure souvent rougeaude et mal éveillée de paysan qui sort de son village. Donc tout ce qui arrive à nous à travers l'histoire nous apparaît dans sa simplicité; au contraire, l'utile de chaque jour, avec sa surcharge de trivialité, reste prosaïque; et voilà pourquoi l'utile devenu historique devient beau.

L'antique est une sorte de réalité purifiée par le temps. « Tout âge, dit Elisabeth Browning, en raison même de sa perspective trop rapprochée, est mal aperçu de ses contemporains. Supposons que le mont Athos ait été sculpté, selon le plan d'Alexandre, en une colossale statue humaine. Les paysans qui eussent ramassé les broussailles dans son oreille

n'eussent pas plus songé que les boucs qui y brou-
taient à chercher là une forme aux traits humains;
et je mets en fait qu'il leur eût fallu aller à cinq milles
de là pour que l'image géante éclatât à leurs regards
en plein profil humain, nez et menton distincts,
bouche murmurant des rythmes silencieux vers le
ciel et nourrie au soir du sang des soleils; grand
torse, main qui eût épanché perpétuellement la lar-
gesse d'un fleuve sur les pâturages de la contrée. Il
en est de même pour les temps où nous vivons; ils
sont trop grands pour qu'on puisse les voir de près.
Mais les poètes doivent déployer une double vision;
avoir des yeux pour voir les choses rapprochées avec
autant de largeur que s'ils prenaient leur point de
vue de loin, et les choses distantes d'une façon aussi
intime et profonde que s'ils les touchaient. C'est ce
à quoi nous devons tendre. Je me défie d'un poète
qui ne voit ni caractère, ni gloire dans son époque,
et fait rouler son âme cinq cents ans en arrière derrière fossés et pont-levis, dans la cour d'un vieux
château, pour y chanter quelque noir chef[1] ».

1. Elisabeth Browning, cinquième chapitre d'*Aurora Leigh*.

DEUXIÈME APPENDICE

Guyau est encore revenu sur la poésie du temps dans ses *Vers d'un Philo-sophe*; voici la pièce intitulée *Le Temps*.

LE TEMPS

I

LE PASSÉ

Nous ne pouvons penser le temps sans en souffrir.
En se sentant durer, l'homme se sent mourir :
Ce mal est ignoré de la nature entière.
L'œil fixé sur le sol, dans un flot de poussière,
Je vois passer là-bas, en troupe, de grands bœufs ;
Sans jamais retourner leurs têtes en arrière,
Ils s'en vont à pas lourds, souffrants, non malheureux ;
Ils n'aperçoivent pas la longue ligne blanche
De la route fuyant devant eux, derrière eux,
Sans fin, et dans leur front qui sous le fouet se penche
Nul reflet du passé n'éclaire l'avenir.
Tout se mêle pour eux. Parfois je les envie :
Ils ne connaissent point l'anxieux souvenir,
Et vivent sourdement, en ignorant la vie.

L'autre jour j'ai revu la petite maison
Que jadis j'habitai là-haut sur la colline,
Avec la grande mer au loin pour horizon.
J'y suis monté gaîment : toujours on s'imagine
Qu'on aura du plaisir à troubler le passé,
A le faire sortir, étonné, de la brume.
Puis, pensais-je, mon cœur ici n'a rien laissé :
J'ai vécu, voilà tout, j'ai souffert, j'ai pensé,
Tandis que, devant moi, l'éternelle amertume
De la mer frémissante ondoyait sous les cieux.
Je ne portais, caché dans mon sein, d'autre drame
Que celui de la vie : en saluant ces lieux,
Pourquoi donc se fondit soudain toute mon âme?...

C'était moi-même, hélas, moi que j'avais perdu.
Oh! comme j'étais loin ! et quelle ombre montante
Déjà m'enveloppait à demi descendu
Sous le lourd horizon de la vie accablante ?

Des profondeurs en moi s'ouvraient à mon regard,
Vivre ! est-il donc au fond rien de plus implacable ?
S'écouler sans savoir vers quel but, au hasard,
Se sentir maîtrisé par l'heure insaisissable !

Nous allons devant nous comme des exilés,
Ne pouvant pas fouler deux fois la même place,
Goûter la même joie, et sans cesse appelés
Par l'horizon nouveau que nous ouvre l'espace.

Oh ! quand nous descendons au fond de notre cœur,
Combien de doux chemins à travers nos pensées,
De recoins parfumés où gazouillent en chœur
Les vivants souvenirs, voix des choses passées !

Comme nous voudrions, ne fût-ce qu'un moment,
Revenir en arrière et, frissonnants d'ivresse,
Parcourir de nouveau le méandre charmant
Que creuse en s'écoulant dans nos cœurs la jeunesse !

Mais non, notre passé se ferme pour toujours,
Je sens que je deviens étranger à ma vie ;
Lorsque je dis encor : — mes plaisirs, mes amours,
Mes douleurs, — puis-je ainsi parler sans ironie ?

Que d'impuissance éclate en ce mot tout humain !
Se souvenir ! — se voir lentement disparaître,
Sentir vibrer toujours comme l'écho lointain
D'une vie à laquelle on ne peut plus renaître !

Tout ce monde déjà perdu que j'ai peuplé
Avec mon âme même au hasard dispersée,
Avec l'espoir joyeux de mon cœur envolé,
En vain j'y veux encor attacher ma pensée :
Tout par degrés s'altère en ce mouvant tableau,
Je m'échappe à moi-même ! avec effort je tente
De renouer les fils de ce doux écheveau
Qui fut ma vie ; hélas ! je sens ma main tremblante
Se perdre en ce passé que je voulais fouiller.
Quand, après un long temps, je revois le visage

Des amis qui venaient s'asseoir près du foyer,
Je m'étonne : mon âme hésite et se partage
Entre ses souvenirs et la réalité.
Je les reconnais bien, et pourtant je me trouve
Inquiet auprès d'eux, presque désenchanté ;
Peut-être éprouvent-ils aussi ce que j'éprouve :
Tous, en nous retrouvant, nous nous cherchons encor.
Entre nous est venu se placer tout un monde ;
Nous appelons en vain ce cher passé qui dort,
Nous attendons, naïfs, qu'il s'éveille et réponde ;
Lui, sous le temps qui monte à jamais submergé,
Il reste pâle et mort ; tout est encor le même,
Je crois, autour de nous ; en nous tout est changé :
Notre réunion semble un adieu suprême.

II

L'AVENIR

Un matin, je partis, seul, pour gravir un mont,
La nuit voilait encor la montagne sereine,
Mais on sentait venir le jour ; pour prendre haleine,
Je retournai la tête ; un gouffre si profond
Se creusa sous mes pieds, dans l'ombre plus limpide,
Qu'une angoisse me prit, et, dompté par l'effroi,
Sentant battre mon cœur au vertige du vide,
Je restais à sonder le gouffre ouvert sous moi.
Enfin, avec effort, je relevai la tête.
Partout le roc à pic pendait comme un mur noir ;
Mais là-haut, tout là-haut, lointain comme l'espoir,
Je vis dans le ciel pur monter le libre faîte.
Il semblait tressaillir au soleil matinal ;
Portant à son côté son glacier de cristal,
Il se dressait rougi d'une aurore sublime.
Alors j'oubliai tout, l'âpre roc à gravir,

La fatigue, la nuit, le vertige, l'abîme
Au fond duquel, dormant comme le souvenir,
Un lac vert s'allongeait environné de glace :
D'un élan, sans quitter la montagne des yeux,
Sentant revivre en moi la volonté tenace,
J'escaladai le roc, et je croyais, joyeux,
Voir ma force grandir en approchant des cieux.

Vide profond et sourd qu'en nos cœurs le temps laisse,
Abîme du passé, toi dont la vue oppresse
Et donne le vertige à qui t'ose sonder,
Je veux, pour retrouver ma force et ma jeunesse,
Loin de toi, le front haut, marcher et regarder !
Jours sombres ou joyeux, jeunes heures fanées,
Evanouissez-vous dans l'ombre des années ;
Je ne pleurerai plus en vous voyant flétrir,
Et, laissant le passé fuir sous moi comme un rêve,
J'irai vers l'inconnu séduisant qui se lève,
Vers ce vague idéal qui point dans l'avenir,
Cime vierge et que rien d'humain n'a pu ternir.
Je suivrai mon chemin, marchant où me convie
Ma vision lointaine, erreur ou vérité :
Tout ce que l'aube éclaire encore, a la beauté ;
L'avenir fait pour moi tout le prix de la vie.
Me semble-t-il si doux parce qu'il est très loin?
Et lorsque je croirai, lumineuse espérance,
Te toucher de la main, ne te verrai-je point
Tomber et tout à coup te changer en souffrance?
Je ne sais... C'est encor de quelque souvenir

Que me vient cette crainte en mon cœur renaissante ;
Quelque déception d'autrefois m'épouvante,
Et d'après mon passé je juge l'avenir.
Oublions et marchons. L'homme, sur cette terre,
S'il n'oubliait jamais, pourrait-il espérer ?
J'aime à sentir sur moi cet éternel mystère, —
L'avenir, — et sans peur je veux y pénétrer :
Le bonheur le plus doux est celui qu'on espère.

TABLE DES MATIÈRES

CHAPITRE IV

CHAPITRE V

APPENDICES

Paris. — Imp. E. CAPIOMONT et Cie, rue des Poitevins, 6.

Original en couleur
NF Z 43-120-8